# 上海自贸试验区
# 促进服务贸易高质量发展研究

江若尘 牛志勇 王春燕 ◎ 著

上海人民出版社

# 目　录

# 第一章

# 服务贸易概念及中国服务贸易发展现状

## 第一节　服务贸易的界定：概念、分类、特征

改革开放以来，中国服务业得到了快速发展，迅速壮大。特别在近几年，我国服务业在对外开放的过程中，逐步成长为具有全球影响力的力量。2016 年 2 月，国务院发布了《关于同意开展服务贸易创新发展试点的批复》相关文件，"同意在天津、上海、海南、深圳、杭州、武汉、广州、成都、苏州、威海和哈尔滨新区、江北新区、两江新区、贵安新区、西咸新区等省市（区域）开展服务贸易创新发展试点，试点期为 2 年，自国务院批复之日起算"[1]。2020 年 8 月，中华人民共和国商务部发布了《全面深化服务贸易创新发展试点总体方案》，"国务院同意在北京、天津、上海等 28 个省区市（区域）全面深化服务贸易创新发展试点，全面深化试点期限为 3 年"[2]。

---

[1]《国务院批复同意开展服务贸易创新发展试点》，载新华网 http://www.xinhuanet.com//politics/2016-02/25/c_1118161002.htm。

[2]《〈全面深化服务贸易创新发展试点总体方案〉印发》，载中新网 http://www.chinanews.com/cj/2020/08-15/9265723.shtml。

### 一、服务贸易的定义

服务贸易的概念，最早在 1972 年经济合作与发展组织（OECD）[1] 的服务进出口与各个国家制度的研究报告中提出，随后被大多数国家所接受，运用其对所在国贸易品类进行分类。服务贸易凸显出鲜明的动态性、多样性、复杂性等特点。20 世纪 80 年代的《美国和加拿大自由贸易协定》，对服务贸易给出了明确的定义，即指协议国或者代表协议国的个人，在其境内或进入协议国提供指定的一项或者几项服务。随着业务模式的进一步明晰，现今学者和各经济组织对服务贸易认同的定义都来源于《服务贸易总协定》（GATS）。《服务贸易总协定》对服务贸易具体描述为：（1）任意协议国向其他协议国提供服务；（2）任意协议国向其他消费者提供服务；（3）任意协议国的服务提供者，向任意其他协议国提供服务，但需以商业存在的形式；（4）任意协议国向任意其他协议国的自然人提供服务。《服务贸易总协定》定义服务贸易"是一国的法人或自然人在其境内或进入他国境内向外国的法人或自然人提供服务的贸易行为"。服务贸易一般有四种具体形式：商业存在、境外消费、跨境交付以及自然人流动。境外消费是指从一成员境内向任何其他成员境内提供服务，跨境交付是指在一成员境内向任何其他成员的服务消费者提供服务，商业存在是指一成员的服务提供者在任何其他成员境内以商业存在提供服务，自然人流动是指一成员的服务提供者在任何其他成员境内以自然人的存在提供服务。相较货物贸易，服务贸易包含的内容更加广泛，主要表示了本国法人与国外法人提供的相关服务以及交易行为。尤其在信息和数字技术发展迅速的当下，许多服务，如金融理财、交通运输、

---

[1] OECD 是 Organization for Economic Cooperation and Development 的简称，中文翻译为经济合作与发展组织，简称经合组织。OECD 成立于 1961 年，是由 36 个市场经济国家组成的政府间国际经济组织，旨在共同应对全球化带来的经济、社会和政府治理等方面的挑战，把握全球化带来的机遇。

电子信息服务和服务外包等门类可以在多个地区之间实现供应服务，同时服务者与被服务者常常可以通过互联网实现服务交易。在数字技术的推动下，服务贸易在全球得到了较多的创新发展，数字服务、版权服务和技术服务等新业态也得到了众多国家的重视，这些业态将是服务贸易领域的重要组成部分。综上所述，广义的服务贸易包含了有形商业活动和无形商业活动，其包括的行业领域也较为广泛。

### 二、服务贸易的特征

不同于货物贸易，服务贸易具有以下特征：

#### （一）标的无形性

货物贸易的标的往往是实物，交易双方对货物的质量等要素有充分沟通和了解。但服务贸易的标的物具有不可存储、不可运输和不可接触等特性，这就造成了交易过程中的形式多样性，例如可以通过互联网的形式进行贸易，服务提供和接受的过程不存在区域上的障碍。

#### （二）生产与消费同步性

在大多数情况下，服务贸易中的生产和消费的实施往往是同步的，消费者与服务的提供者实现同步交易，例如旅游服务、金融服务等，服务增值过程与消费过程是一致的。

#### （三）测量标准的不确定性

服务贸易的生产往往不具有标准化特性，消费者在消费服务中体验的是"不同"的商品，在评价服务好坏时难以确定标准。同时，服务贸易的数据无法直接在海关中体现。

#### （四）保护方式的隐蔽性

在货物贸易的交易中，若遇到非关税壁垒，还有相应的措施可以应对，比如提高生产技术、标准化商品等。但面对服务贸易时，它的无形性、评价标准不确定，都使其面临更加隐蔽的壁垒。

### 三、服务贸易的分类

针对服务贸易的分类有多种方法。目前使用较多的方法，一是《服务贸易总协定》的分类，其将服务贸易分为 12 类，其中包括政府、企业和个人的商业性消费，包括通信、环境、文娱、建筑和教育等方面。该分类中许多小类目没有可行的统计方法，无法进行实际计算。二是以国际货币基金组织（IMF）结合其他统计框架，从统计可行性角度建立的 BOP 分类统计，该分类符合现行的经济统计制度，即从交易者和服务产品两个角度将服务贸易分为 12 个大类（见表 1-1）。根据我国商务部、统计局于 2012 年印发的《国际服务贸易统计制度》，针对服务进出口统计分为 14 大类，分别为：运输服务、旅游、通信服务、建筑及相关工程服务、金融服务、保险服务、计算机和信息服务、教育服务、环境服务、医疗保健和社会服务、文化和体育服务、特许使用费和许可费、分销服务以及其他商业服务。本书针对中国服务贸易的阐释，都是基于该 14 种分类。

表 1-1 服务贸易的分类

| 服务部门账户 | 账户覆盖范围 |
| --- | --- |
| 加工服务 | 由不拥有相关货物的企业承担的加工、装配、贴标签和包装等服务 |
| 维护和修理服务 | 居民为非居民（反之亦然）所拥有的货物提供的维护和维修工作 |
| 运输服务 | 包括客运、货运以及其他运输服务 |
| 旅行服务 | 包括私人和商务旅行等 |
| 建设服务 | 包括建筑物、工程建设以及固定资产的建立、翻修、维修和扩建等 |
| 保险和养老金服务 | 包括提供人寿保险和年金、非人寿保险、再保险、货运险、养老金等的担保服务和相关辅助服务 |
| 金融服务 | 除保险和养老金服务之外的金融中介和辅助服务 |

（续表）

| 服务部门账户 | 账户覆盖范围 |
| --- | --- |
| 知识产权使用费 | 专利权、商标权、版权、包括商业秘密的工业流程和设计、特许权以及复制、传播原作或原型中的知识产权 |
| 电信、计算机和信息服务 | 包括电信服务、计算机服务、信息通信服务 |
| 其他商业服务 | 包括研究和开发服务、专业和管理咨询服务、技术服务、贸易相关服务和其他相关服务 |
| 个人、文化和娱乐服务 | 包括视听和相关服务，其他个人、文化和娱乐活动 |
| 政府服务 | 主要指别处未涵盖的政府服务 |

资料来源：《国际收支手册》第六版。

### 四、服务贸易的相关理论

#### （一）绝对优势理论

亚当·斯密于 1776 年在《国富论》中提出了绝对优势理论。他认为，由于生产成本出现绝对差异，则两国会进行贸易。若两国在不同的产品上拥有各自的绝对成本优势，那么两国生产具有绝对成本优势的产品将会在国际贸易中获益。随着国际贸易不断发展，贸易理论也不断深化。20 世纪初，伊莱·赫克歇尔和博特·俄林构建了赫克歇尔—俄林模型（即著名的 H-O 模型），在比较优势理论中加入了生产要素这一概念，从而发展出要素禀赋理论。其主要观点为：由于不同国家在生产要素禀赋上存在差异，进而所用到的生产要素比例不尽相同，导致不同国家的生产成本存在差异。不同国家的生产要素存在丰裕与否的差异，进而生产要素的价格也不同，一国中较为丰裕要素的价格要低于稀缺要素的价格。随着生产的发展，利用富裕要素生产出的产品成本较低，不同国家将会在不同的产品上具有优势，这就形成了专业化的生产和分工。

### （二）比较优势理论

在 20 世纪 80 年代之前，多数研究集中于货物贸易展开，如科尔兹考斯基（1989）运用标准的比较优势模型，阐释贫穷国家服务贸易的发展弱于富裕国家的现象，他认为低工资率是最主要的原因。但上述解释建立在服务部门的生产率在两类国家中是相同的这一假设上，这个假设显然不符合现实情况，因此存在缺陷。迪尔多夫（1984）认为服务贸易在某些方面无法用比较优势理论解释，原因有三：一是货物贸易的发展直接促进了服务贸易的发展，也可以说货物贸易衍生出了服务贸易，它的价格在交易前较难确定；二是服务贸易存在缺位要素的情况；三是服务贸易中存在一定要素流动的现象。萨格瑞（1989）着重分析了技术差异对服务贸易的影响，他认为不同国家在技术上存在不同的要素禀赋，这会大大影响服务贸易的成本投入。

### （三）竞争优势理论

迈克尔·波特（1990）的竞争优势理论认为，资本积累、技术进步、劳动力成本这些因素可以形成一国的竞争优势，但国内需求、企业因素、产业政策、机遇条件等的相互作用，也可以提升一国的竞争优势，提高竞争力。一国产业竞争力的提高势必与一国企业无法分割，而企业竞争力与其战略、组合结构和竞争状态又密不可分。企业战略通常预示着长期的发展方向；企业的组织结构通常与企业内部运行效率的提高有关；行业竞争则可起到优胜劣汰的作用，激烈的竞争可使一国企业积极制定应对措施、提高自身的市场反应度和市场灵敏度，积极做出改变与调整，不断优化产品设计，最终提高企业的竞争力。

### （四）区域经济一体化理论

区域经济一体化是国际贸易理论发展中的重要分支，也逐渐成为国际合作和发展的核心。早期经济学家将区域经济一体化定义为独立经济体的整合，到 20 世纪 90 年代时，学者们认为经济体的整合过程和结果都是经济一体化。各个国家开始采取区域经济一体化的策略，通过国际贸易往来、深入合作，进而达到互利共赢的状态。

## 第二节　中国服务贸易发展现状与趋势

自 2007 年以来，我国服务贸易整体呈现平稳增长，逆差持续下降，结构显著优化，服务贸易得到高质量发展。自 2013 年起，中国服务贸易进出口总额连续 7 年稳居全球第二。从总体趋势来看，呈现波动向上增长态势，近几年来增速有所放缓。2009 年中国服务贸易进出口总额为 3025 亿美元，相较 2008 年的 3223 亿美元有所下降，而在 2013 年之后，服务贸易总额趋于平稳，增速逐渐下降，但平均增速也达到了近 10%。但由于美国针对中国采取一系列美国优先的贸易保护和长臂管辖手段，导致近几年来中国对外贸易的发展受到相当大影响。整体来看，中国通过深化体制改革，实施高质量的对外开放等战略，提升了服务贸易的发展质量，实现了服务贸易从小到大的转变。

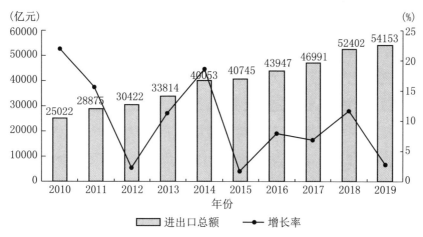

图 1-1　2010—2019 年中国服务贸易进出口总额

资料来源：中国商务部。

## 一、中国服务贸易发展特点

### (一)服务贸易逆差逐渐缩小

尽管近十年中国服务贸易还处于逆差,但随着中国改革开放力度的加大,中国服务贸易成长迅速,出口优势凸显,服务贸易逆差正在快速缩小。尤其是在全球新冠肺炎疫情发生之后,中国服务贸易进口下降幅度较大,使得这一逆差延续缩小态势,2020年1—9月,我国服务贸易逆差为5910.4亿元,大幅收窄50%。随着中国高质量对外开放的持续推进,中国服务贸易出口规模和质量都得到了快速增长,目前已经成为全球服务贸易增长的主要贡献者。

表 1-2  中国服务贸易逆差情况  单位:亿元人民币

| 项 目 | 2015 年 | 2016 年 | 2017 年 | 2018 年 | 2019 年 | 2020 年 (1—9 月) |
|---|---|---|---|---|---|---|
| 服务贸易进出口总额 | 41530.57 | 43993.97 | 45888.87 | 50036.31 | 54152.9 | 33899.7 |
| 服务贸易差额 | −12875.15 | −16343.23 | −17260.41 | −19246.97 | −15024.9 | −5910.4 |
| 服务贸易出口额 | 14327.71 | 13825.37 | 14314.23 | 15394.67 | 19564.0 | 13994.6 |
| 服务贸易进口额 | 27202.86 | 30168.6 | 31574.64 | 34641.64 | 34588.9 | 19905.0 |

资料来源:中国商务部。

### (二)服务贸易结构不断优化

随着中国服务贸易的开放力度和质量的不断提升,贸易结构日趋优化。虽然传统领域(运输、旅行和建筑)服务贸易依旧占据服务贸易总额较大比例,但总体呈现出下降趋势。2019年三大传统领域服务贸易总额为32685.3亿元,占服务贸易总额比重下降3个百分点至60.4%。同时新兴服务贸易增长较快,

2019 年新兴服务贸易总额为 18777.7 亿元，增长 10.8%，占到服务贸易总额比重达 34.7%，电信、计算机和信息服务领域向价值链高端环节迈进，知识产权费用出口大幅增长，金融保险服务出口稳定增长。与制造业相关的服务贸易（维护、维修服务、加工服务等）增长迅速，得益于全国综合保税区全球维修业务试点发展，企业入境维修业务大幅扩张，2019 年维护和维修服务进出口总额达 954.7 亿元，增长 48.5%，增速显著高于其他领域。整体来看，我国对高端生产性服务需求旺盛，高端生产性服务出口竞争力正在提升。随着中国科技技术不断升级转型，知识产权市场蓬勃发展，相关技术交易也有着显著提升。2019 年知识产权使用达到了 2830.5 亿元，比上年增长 4%。

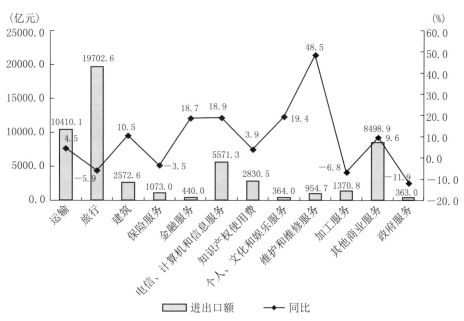

图 1-2　2019 年中国分行业服务进出口额及增速

资料来源：中国商务部。

### （三）服务外包产业规模稳步扩大

在国际国内形势复杂多变的情况下，中国秉承新发展理念，推动服务贸易高质量发展，加快服务外包转型升级。2019 年，中国承接服务外包合同总额达到 15699.1 亿元，执行额为 10695.7 亿元，首次突破万亿元大关。其中，承接离岸信息技术外包（ITO）、离岸业务流程外包（BPO）、离岸知识流程外包（KPO）执行额分别达到 2894.3 亿元、1183.9 亿元、2477.6 亿元。同时高端生产性服务外包业务快速增长，医药和生物技术研发服务、检验检测服务、互联网营销推广服务、电子商务平台服务也增长迅速。

随着中国制造业向转型升级、创新发展阶段迈进，制造业服务化、服务外包化的势头发展迅速。服务外包业务进入到垂直行业，与制造业的融合日益紧密，出现了很多新的业务形态。根据中国服务外包研究中心口径，2019 年中国企业承接制造业服务外包合同额为 486.2 亿美元，同比增长 20.8%，占服务外包合同额的 20.6%；执行额为 356.0 亿美元，增长 16.4%，比服务外包执行额增速高 7.4 个百分点，占比 22.5%，比上年提高 0.9 个百分点。其中，离岸合同签约金额约 359.7 亿美元，同比增长 11.3%；执行金额达 277.0 亿美元，增长 13.4%，比离岸服务外包执行额增速高 4.3 个百分点，占离岸服务外包执行额的 28.6%，占制造业服务外包执行额的 77.8%。

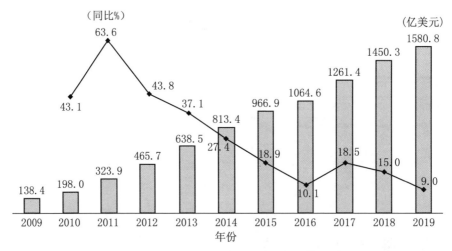

图 1-3　2009—2019 年中国服务外包规模及增速

资料来源：中国商务部。

## （四）东部地区服务贸易规模较大

中国服务贸易进出口规模主要集中在东南沿海地区，2018 年东部地区（含 11 个省市）服务进出口总额为 45037.6 亿元，占全国份额为 86.6%，其中上海、北京、广东服务进出口额分别为 11738.6 亿元、10628.9 亿元和 10140.5 亿元，位于全国前三。从发展趋势来看，2007 年到 2017 年东部地区服务贸易均值增长率达到 235.29%，中部地区达到 392.55%，西部地区达到 559.25%，虽然中西部地区增长率较高，但总体规模仍存在巨大的地区发展差距。中国服务贸易地区发展差距较为显著，服务贸易的分布呈现区域间发展差距较大、区域分布高度集中的特点。

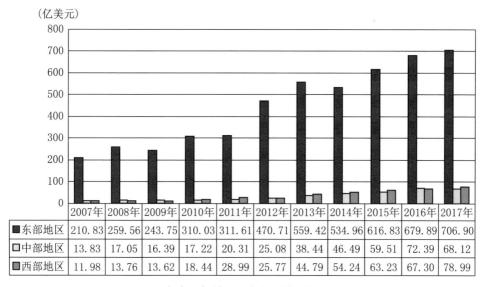

（亿美元）

| | 2007年 | 2008年 | 2009年 | 2010年 | 2011年 | 2012年 | 2013年 | 2014年 | 2015年 | 2016年 | 2017年 |
|---|---|---|---|---|---|---|---|---|---|---|---|
| ■东部地区 | 210.83 | 259.56 | 243.75 | 310.03 | 311.61 | 470.71 | 559.42 | 534.96 | 616.83 | 679.89 | 706.90 |
| □中部地区 | 13.83 | 17.05 | 16.39 | 17.22 | 20.31 | 25.08 | 38.44 | 46.49 | 59.51 | 72.39 | 68.12 |
| ▨西部地区 | 11.98 | 13.76 | 13.62 | 18.44 | 28.99 | 25.77 | 44.79 | 54.24 | 63.23 | 67.30 | 78.99 |

图 1-4　东中西部地区服务贸易总额均值增长图

资料来源：《中国商务年鉴》。

## 二、中国服务贸易发展趋势

2020 年以来，全球新冠肺炎疫情对我国服务贸易的快速发展有所冲击，服务贸易的发展下降态势高于货物贸易，服务贸易的未来发展面临严峻挑战。从发展趋势来看，如何加大人工智能、大数据、物联网、5G 等相关技术在服务领域应用，引领服务贸易方式向以数字经济为核心的服务贸易发展模式转型。

**（一）中国服务贸易的发展促进了全球服务贸易的增长**

从 1978 年到 2019 年底，中国累计进口服务总额为 4.9 万亿美元，年增长率达到 16.1%，高于同期全球的平均水平 7.2%，中国对全球服务进口增长的贡献率为 9.6%。2018 年以来，中国累计服务进口达到 1.5 万亿美元，年均增长率为 3.5%，对全球服务进口增长的贡献率达到 5.3%。与此同时，中国成功举办中国国际进口博览会等世界性的展览会，有效促进了服务进口的快速扩大，成为持续推动全球经济发展的重要动力。

**（二）中国服务贸易将进入转型发展关键阶段**

新冠肺炎疫情加速了中国经济发展向"互联网＋"线上模式的转变，尤其是互联网、大数据和云计算等新兴技术快速发展，促进了数字技术在服务贸易领域的应用。加快数字技术在服务贸易中的应用，加速培育数字贸易新业态新模式，带动服务贸易持续实现高质量发展。中国将加大金融、保险等服务领域对外开放力度，进一步完善相关法规制度和政策，不断提高技术、数据等服务贸易新型要素的质量和配置效率，为服务贸易转型发展营造一流的营商环境，让服务贸易成为推动经济发展的新动力。

**（三）服务业扩大开放力度举措，有效促进服务贸易发展**

2020 年 8 月，国务院正式批复同意《全面深化服务贸易创新发展试点总体方案》，试点地区从 17 个扩大到 28 个。该方案提出了 122 项开放创新具体举措，同时，在《外商投资准入特别管理措施（负面清单）（2020版）》中，外商投资准入负面清单从 2017 年的 63 条减少至 33 条，尤其在金融领域提前取消所有外商投资股比限制，放开了外资保险经纪公司经营范围等，允许外国投资者在自贸试验区内设立互联网上网服务场所。这些政策都有助于跨境服务贸易的发展，上海自贸试验区也推出了跨境服务贸易的负面清单管理制度。与此同时，根据世界银行发布的《全球营商环境报告

2020》，中国营商环境全球排名跃居 31 位，营商环境已经得到了较大改善。

**（四）"一带一路"带来新的发展契机**

随着"一带一路"合作发展的深入，中国与沿线国家在服务贸易领域的共同发展得到促进。数据显示，2019 年中国与"一带一路"沿线国家和地区的服务贸易规模达到了 1178.8 亿美元，占当年中国服务贸易总额近15%。2020 年以来，随着《金砖国家服务贸易合作路线图》《中国—中东欧国家电子商务合作倡议》《中国—中东欧国家服务贸易合作倡议》等协议的签订，中国与"一带一路"沿线国家和地区的服务贸易合作机制更加趋于完善。

## 第三节　中国自贸试验区建设与服务贸易发展

自 2013 年中国在上海设立首个自由贸易试验区（以下简称自贸试验区）起，其主要任务之一就是探索构建相对独立的以扩大服务领域开放为主的服务贸易发展区域。7 年来，中国自贸试验区数量已扩容发展至 21 个，260 项制度创新成果在全国复制推广。自贸试验区对标国际先进贸易投资规则，扩大服务业对外开放，推动构建开放型经济新体制，7 年间先后实施 3轮试点方案、403 项试点任务、35 项开放措施，推广 6 批 25 项试点成果。2016—2020 年，中国先后在天津、上海、海南等 28 个地区推进服务贸易创新发展试点，推动放宽服务贸易领域的市场准入限制，打造服务贸易制度创新和服务业开放发展的新平台。整体来看，自贸试验区建设为服务贸易的发展构建了新的基础与发展平台，有助于进一步推动服务贸易的发展。

### 一、中国自贸试验区建设整体情况

继 2013 年设立上海自贸试验区之后，2015 年 4 月广东、天津、福建自贸试验区挂牌成立，同时上海自贸试验区也进行了扩区。2017 年 4 月辽宁、浙江、重庆、河南、湖北、四川、陕西等省份挂牌成立第三批自贸试验区。2018 年 10 月海南省全岛（3.5 万平方公里）启动推进自贸试验区建设。2019 年 8 月山东、江苏、河北、黑龙江、云南、广西等省份加入。2020 年 9 月北京、湖南和安徽加入，浙江自贸试验区扩区。迄今为止，有自贸试验区的省市数量占全国比重近 2/3。

自贸试验区建设肩负的使命，就是加快政府职能转变、积极探索管理模式创新、促进贸易和投资便利化，为全面深化改革和扩大开放探索新途径、积累新经验。自贸试验区围绕投资体制改革、贸易便利化、金融改革开放创新、政府转变职能、营商法治环境优化、科技创新和服务国家战略等 7 大领域进行深入改革创新，2013 年以来，自贸试验区在中央层面已向全国或特定区域复制推广了 260 项制度创新成果。其中，以国务院发函等方式推广的改革试点经验共 6 批，合计 143 项；国务院自由贸易试验区工作部际联席会议办公室总结印发的"最佳实践案例"达到三批，共计 43 个，国家其他相关部门自主向全国复制推广制度创新政策有 74 项。在地方层面，据不完全统计，前 5 批 18 个自贸试验区已在本省内复制推广了 1151 项制度创新成果。

**（一）探索建立市场准入负面清单制度**

自 2013 年以来，《外资准入负面清单》已经有 7 个版本。《外资准入负面清单（自贸试验区）（2020 版）》对外资限制或禁止措施共 30 条，与 2013 版 190 条相比，减少了 84%，开放度明显提高。

**（二）营商环境得到了较高提升**

自贸试验区持续优化营商环境和创新环境，对标世界银行营商环境评估指标体系，找短板、找差距，建立信息平台，优化办事流程，聚焦产业开展制度创新。自贸试验区高度重视营商环境的改善和优化，以"放管服"改革为抓手，营造稳定公平透明、可预期的营商环境。2019 年中国颁布了《优化营商环境条例》，保障了各类市场主体平等受到法律保护，2020 年中国营商环境全球排名为 31 位。

### （三）对接"一带一路"建设

自贸试验区高度服务了"一带一路"建设，内容十分丰富，如强化了港口基础设施和管理流程的建设，促进教育和文化领域的交流合作，共建高科技产业园区和创业科技园等。又如上海自贸试验区已成为服务"一带一路"建设、推动市场主体有效走出去的"桥头堡"，同时建设了国际经贸合作、金融服务和总部经济三大平台。

### （四）率先落实开放新政策和经贸新规则

中国陆续推出了一系列扩大开放新法律和新政策，如《外商投资法》《外商投资法实施条例》《外商投资准入特别管理措施（负面清单）（2020版）》和《优化营商环境条例》等。中国正在加快国家（地区）之间的自由贸易协定、投资保护协定谈判和签署，在新协议中体现了中国倡导的国际经贸新规则。自贸试验区将落实国家开放新政策和经贸新规则，形成更多实践经验和案例，发挥了示范作用。

### （五）促进产业创新转型发展

自贸试验区具有开放度高、国际经贸业务活跃的特点，拥有天然优势。在"双循环"新发展格局下，一方面自贸试验区要成为国内国际双循环的重要节点，更好激发市场活力；另一方面通过科技策源和产业创新，突破"关键技术、关键零部件、关键环节"的"卡脖子"问题，提升和巩固国内产业链的稳定发展。

### （六）服务国家战略

各个自贸试验区片区发挥各自的优势，把自身发展与国家发展大局更好地结合起来，开展更大范围、更广领域、更深层次的改革探索，更好地服务国家战略，包括京津冀一体化、长三角一体化、粤港澳大湾区、中西部开放新高地、东北老工业基地、国际大通道等，以及各项科技创新战略，建设更高水平开放型经济新体制。

## 二、自贸试验区建设对服务贸易的影响

### （一）促进了服务业的开放发展

从《外商投资准入特别管理措施（负面清单）（2020 版）》中的条款来看，在金融领域方面，提前取消所有外商投资股比限制，放开外资保险经纪公司经营范围，不再对合资证券公司业务范围单独设限，大幅度扩大外资银行业务范围，沪深港通每日额度进一步扩大。在电信领域，取消国内多方通信、存储转发、呼叫中心等增值电信服务外资股比限制，将上海自贸试验区电信领域开放政策复制推广至其他自贸试验区。在娱乐领域，取消电影院建设经营、演出经纪机构须由中方控股的规定，在自贸试验区将设立文艺表演团体由禁止投资改为中方控股，把允许外国投资者在自贸试验区内设立互联网上网服务场所的开放举措推广至全国。又如人力资源领域，不但取消了境外投资者出资比例不得低于 25%、中方合资者出资比例不得低于 51% 的规定，而且取消了不得设立外商独资的人力资源服务机构的规定。对服务业的开放大大加速了中国服务业"引进来"和"走出去"的转型发展，这有助于打破服务贸易发展的制度壁垒。

### （二）构建了服务贸易自由便利化的环境

自贸试验区不断健全境外专业人才流动机制，探索与服务贸易发展相适应的灵活就业制度与政策，使得人才流动更加自由。上海自贸试验区临港新片区建立了外国人在新片区内工作许可制度和人才签证制度，允许具有境外职业资格的金融、建筑、规划、设计等领域符合条件的专业人才经备案后，在新片区内提供服务，其在境外的从业经历可视同境内从业经历。

自贸试验区的改革创新使得通关更加便利。多个自贸试验区片区推出"互联网＋海关"、国际展览绿色通道、出入境特殊物品海关检验检疫改革、诚信船舶通关零待时等便利化机制，逐步将技术贸易、服务外包、国际会展、国际物流、国际航行船舶进出口查验等服务贸易相关事项纳入国际贸易

"单一窗口"。2019 年，启动了进口"两步申报"通关模式试点，进一步推动"单一窗口"功能由口岸通关执法向口岸物流、贸易服务全链条拓展。

**（三）建设了服务贸易创新发展试点**

建设服务贸易创新试点是自贸试验区发展的重要任务之一，通过探索创新体制机制，扩大服务业开放，实施培育市场主体、提升便利化水平、优化促进政策、健全统计体系、加强事中事后监管等新举措，形成了若干制度创新经验。2020 年，在深化自贸试验区的改革中，中国全面推进服务贸易改革、开放、创新，突出深层次改革、高水平开放、全方位创新和高质量发展。服务贸易创新发展试点已扩大至全国 28 个地区，累计推出 8 项试点任务以及 122 项举措。尤其围绕服务领域审批权下放或取消、放宽市场准入等方面，提出 16 项创新举措；从促进货物、资金、技术、人员、数据等要素跨境流动领域，试点实施 38 项便利化举措；在运输、教育、医疗、金融、专业服务等领域开放方面，重点推出 26 项举措；在推动数字服务、版权服务等新业态新模式发展方面，提出 17 项举措。

**（四）促进了服务贸易的结构优化**

中国自贸试验区的建设不仅采用了国际通用的自贸试验区发展模式，实现了贸易的便利化以及贸易发展的优惠政策，而且通过政策以及制度的创新为贸易监管、金融、科技创新等领域发展实现了高效管理，这些都促进了服务贸易规模的不断扩大，为服务贸易发展提供了新的增长点。自贸试验区的建设推动了文化贸易、技术贸易和知识产权交易的发展，促进中国的服务贸易发展向高附加值转变，由于政策的推动，服务贸易的结构得到了深层次的优化。例如金融服务、电信计算机和信息服务等知识密集型服务，成为推动经济转型升级和高质量发展的重要支撑。

**三、中国服务贸易未来发展展望**

目前新冠肺炎疫情依旧在全球流行，加之国际贸易形势也发生了较大变化，诸如保护主义、单边主义等思潮涌现，全球政治、经济、产业发展面临非经济因素大力冲击，发达国家与发展中国家之间鸿沟在日益增大，中国对外贸易发展面临着巨大挑战。在全球经济不确定的环境下，中国应继续秉持创新发展理念，对内深化服务贸易供给侧结构性改革，对外进一步高质量扩大开放，有效地推进服务贸易快速发展。

**（一）服务贸易开放需要进一步提升**

进一步健全完善跨境服务贸易发展的负面清单管理制度，并在全国进行推广实施；进一步加快推进服务贸易创新发展试点开放平台的建设；积极推进并逐渐减少跨境服务贸易跨境交付、境外消费、自然人移动三种模式的准入限制，推动放宽旅行、医疗、教育、法律、科技服务、文化、金融和电子商务等服务业领域对境外服务提供者及其服务限制。

进一步降低外资在服务业领域的市场准入限制，尤其要加快信息、科学技术服务、数字贸易、医疗、教育、文化和娱乐等领域的对外开放，对外资的限定可进一步合理放宽；探索放宽增值电信业务、商务服务、交通运输等领域的外资持股比例的优化策略，提升现代服务业的发展活力，如可鼓励外资企业进入中国文化、数字服务、中医药等贸易新业态领域。

**（二）国际化法治化便利化营商环境将进一步优化**

进一步深化"放管服"改革，提高服务贸易整体便利化水平。加快"单一窗口"与民航、港口、铁路以及大数据平台的合作对接，提供全程"一站式"通关物流信息服务。完善签证便利政策，实行人员"一签多行"，放宽外国人才入境短期停留免签时间以及延长停留时间。加快资格互认标准落实，拓宽外籍高端人才来华就业渠道，提升自然人移动的便利化水平。拓宽跨境交付的服务种类和地域范围，鼓励数字技术发展，引领服务贸易模式创新，促进跨境交付服务与数字技术有机结合。

进一步落实全面依法治国基本方略，建立和完善服务贸易相关领域法律体系，为服务贸易高质量发展提供法治保障。促进国内立法与国际服务贸易投资规则的良性互动。积极参与全球数字贸易规则制定，建立健全数字贸易的国内规则。

### （三）与贸易伙伴合作进一步紧密

进一步持续扩大优质服务贸易发展，在旅游、医疗、留学、文化娱乐等高端生活性服务领域和研发设计、咨询、金融、保险、数字技术等生产性服务领域，将能为全球服务贸易伙伴带来重要机遇。不断健全完善全球服务贸易合作网络，推动多双边服务贸易规则的建议，进一步提升中国服务贸易自由化水平，推动服务贸易国际合作迈上新台阶。推动《区域全面伙伴关系协定》（RCEP）尽快实施；升级《中国—东盟全面经济合作框架协议服务贸易协议》；继续推动中日韩自由贸易协定谈判，拓展节能环保、科技创新、高端制造、共享经济、医疗养老等重点领域服务贸易。

### （四）进一步推动服务贸易高质量发展

在新冠肺炎疫情背景下，我国数字服务贸易拥有快速发展的态势。随着中国互联网基础设施建设的不断完善，以5G、人工智能、大数据、云计算、物联网等新技术为核心的数字经济规模得到发展壮大，并且这些技术在医疗、教育、餐饮、零售等传统服务领域得到了充分应用。加快数字技术在服务贸易中的应用，加速培育数字贸易新业态新模式，带动我国服务贸易持续实现高质量发展。注重培育服务贸易新模式，在税收、监管、便利化等方面先行先试。

# 第二章

# 上海跨境服务贸易发展现状与问题

## 第一节　上海服务贸易发展现状：规模、结构、效率

进入 21 世纪以来，全世界正在走向服务经济时代，服务业和服务贸易正在成为全球经济增长的新动力和新引擎。中国也在加速向服务经济转型，2019 年服务业生产指数比上年增长 6.9%。从增量的角度而言，信息传输、软件和信息技术服务业高速增长，成了服务业稳定增长的重要动力，相比上年增长了 20.4%，带动总指数增长了 1.8%；从增速的角度而言，租赁和商务服务业增速较快，增长达 9.2%，此外金融业增速较上年也明显加快。中国作为世界经济的重要构成部分，其开放型经济进入新发展阶段，服务业对外开放正在成为我国新一轮对外开放的重点，也有利于推动我国形成全面开放新格局。从服务贸易的角度来看，2019 年我国服务进出口贸易总额达 54152.9 亿元，同比增长 2.8 个百分点。其中，服务出口总额达 19564.0 亿元，增长 8.9 个百分点；服务进口总额虽然微降 0.4 个百分点，但其总量也达到 34588.9 亿元；逆差为 15024.9 亿元，下降 10.5 个百分点。从具体细分行业的角度来看，知识密集型服务增长最快，达到了 10.8%，高于服务进出口整体增长额 8 个百分点，进出口额达到了 18777.7 亿元，占服务贸易总额的比重达到了 34.7%，比上一年提升了 2.5%。

上海作为国家服务贸易创新发展的试点城市，其发展始终处于全国领

先地位。上海市服务贸易进出口规模继续位列全国第一，在保持规模增长的同时，上海服务贸易的结构进一步优化，服务进出口日趋平衡，高附加值业务竞争力不断提升，市场呈现多元化发展态势，并率先形成以跨境服务贸易负面清单管理模式为核心的开放体系，覆盖服务贸易主体、市场、平台、政策全链条的促进体系，聚焦数字贸易、技术贸易、文化贸易、专业服务等重点领域的培育体系，重点领域出口均实现两位数增长。与此同时，2019 年 7 月上海通过了《上海市新一轮服务业扩大开放若干措施》，明确提出上海市要对照国际最高标准和最好水平，提高服务业改革的深度和开放的广度，提升全球资源配置能力，进一步放宽市场准入，打造国际一流营商环境。上海正加速推进更宽领域、更深层次的服务业开放，稳步推进服务贸易发展。因此，上海服务贸易呈现出以下特征：

### 一、服务贸易规模稳步增长

近几年来，上海服务贸易发展迅速，规模上升态势明显，上海服务贸易进出口总额从 2010 年的 871.42 亿美元增长到了 2019 年的 1843.8 亿美元，增长了 2 倍多，占据了全国服务贸易总值接近四分之一的比重。"2020年上半年，虽然面对新冠肺炎疫情的挑战，上海服务贸易出口 303 亿美元，仍实现同比正增长。"[1] 从 2019 年的数据来看，进出口总额达（按国际收支统计口径，下同）1843.8 亿美元，虽然由于国际贸易环境恶化导致上海服务贸易相对上一年度略有下降，同比下降 6.6%，但其基数仍然处于较高水平。服务贸易进出口总额占全市对外贸易进出口总额的比重为 36.40%，服务贸易对上海开放型经济的贡献度稳步加强。

---

[1] 《上海将作为唯一主宾市参展服贸会》，载人民网——上海频道 http://sh.people.com.cn/n2/2020/0901/c352561-34265369.html。

表 2-1　上海服务贸易规模情况　　　　　　　单位：亿美元

| 年份 | 进出口总额 | 同比增长率 | 全国进出口总额（上海占比） |
|------|-----------|-----------|--------------------------|
| 2010 | 871.4 | — | 3717（23.44%） |
| 2011 | 1292.7 | 48.3% | 4489（22.80%） |
| 2012 | 1515.6 | 17.2% | 4829（25.30%） |
| 2013 | 1583.8 | 4.5% | 5376（28.10%） |
| 2014 | 1753.9 | 10.7% | 6520（27.30%） |
| 2015 | 2046.8 | 16.7% | 6542（30.30%） |
| 2016 | 2018.8 | −1.4% | 6616（32.10%） |
| 2017 | 1954.7 | −3.2% | 6957（28.10%） |
| 2018 | 1975.0 | 1.0% | 7919（24.94%） |
| 2019 | 1843.8 | −6.6% | 8053（22.90%） |

资料来源：国家统计年鉴、上海市统计年鉴、上海服务贸易发展报告、上海服务贸易网。

上海服务贸易在全国持续处在领先发展地位。通过选取北京市和广东省等服务贸易发展较快的省份数据进行比较，上海服务贸易额在全国服务贸易进出口总额中所占比例从 2010 年的 23.44% 提升到 2016 年的 32.10% 峰值，之后其他省份服务贸易增长放缓，上海服务贸易占全国服务贸易的比例略有回落，但基本保持在 25% 左右，在全中国 34 个省市服务贸易规模中，上海市基本占据了将近 1/4 的份额，服务贸易进出口总额排在全国第一位。

表 2-2　相关省份服务贸易规模对比情况　　　　　单位：亿美元

| 年份 | 进出口总额 | | |
|------|-----------|------|------|
| | 上海 | 北京 | 广东 |
| 2010 | 871.4 | 798.3 | 608.2 |
| 2011 | 1292.7 | 895.4 | 884.9 |
| 2012 | 1515.6 | 1000.2 | 1064.8 |
| 2013 | 1583.8 | 1023.3 | 906.3 |

（续表）

| 年份 | 进出口总额 | | |
|------|------|------|------|
| | 上海 | 北京 | 广东 |
| 2014 | 1753.9 | 1106.1 | 1395.1 |
| 2015 | 2046.8 | 1245.5 | 1317.3 |
| 2016 | 2018.8 | 1508.6 | 1318.2 |
| 2017 | 1954.7 | 1434.3 | 1206.7 |
| 2018 | 1975.0 | 1581.6 | 1371.5 |
| 2019 | 1843.8 | 1606.2 | 1505.8 |

资料来源：相关省级行政区统计年鉴、商务厅。

## 二、服务贸易结构逐步改善

根据上海市商务委员会编写的《2019上海服务贸易发展报告》以及外管局的相关数据显示，2018年上海传统服务贸易如跨境旅游仍然是呈现两位数下降趋势，建筑服务和其他服务呈现略微下降趋势，除此以外，其他的服务贸易类别均呈现出上升趋势。从存量的角度而言，传统服务类别（旅行＋运输）仍然是服务贸易的主力军，而诸如电信、计算机和信息服务，专业管理和咨询服务等新兴服务类别也有着明显的增长；从增量的角度而言，金融服务、知识产权使用费和电信、计算机和信息服务成为新兴服务部门的主要经济增长点。

就出口情况而言，高附加值服务出口增长较快。2018年上海专业管理与咨询服务出口额为220.2亿美元，占出口总额的37.0%，同比增长16.1%。金融服务、电信、计算机和信息服务、技术服务、知识产权使用费等其余高附加值服务出口增速也远高于15%。而留学与教育、建筑服务、文化与娱乐服务和加工服务出口呈现下降趋势。

就进口情况而言，旅行进口两位数下降拉低了服务进口总量。2018年上海市旅行进口占服务进口的比重达到 65%，继续成为第一大服务进口类别，但同比下降 12.0%，也是拖累上海市服务进口整体下降的主要因素，873.4 亿美元的旅行贸易逆差也是上海市服务贸易逆差的主要来源。此外，知识产权使用费进口和金融服务进口是增长较快的服务类别，同比增长率分别达到 37.3% 和 24.4%。

表 2-3　上海市 2018 年服务贸易结构情况　　　　单位：亿美元

| 各子领域 | 进出口 | | 其　中 | | |
|---|---|---|---|---|---|
| | 金额 | 同比 | 出口 | 进口 | 差额 |
| 总计 | 1975.03 | 1.0% | 595.8 | 1379.3 | −783.5 |
| 运输服务 | 325.1 | 14.7% | 127.2 | 197.9 | −70.7 |
| 旅行 | 919.8 | −11.4% | 23.2 | 896.6 | −873.4 |
| 建筑服务 | 10.9 | −1.3% | 6.4 | 4.4 | 2.0 |
| 保险与养老金服务 | 15.5 | 13.6% | 7.3 | 8.2 | −0.8 |
| 金融服务 | 2.2 | 43.8% | 0.9 | 1.3 | −0.5 |
| 电信、计算机和信息服务 | 129.8 | 18.3% | 89.7 | 40.1 | 49.6 |
| 专业管理和咨询服务 | 287.6 | 12.8% | 220.2 | 67.4 | 152.8 |
| 技术服务 | 88.9 | 12.4% | 53.5 | 35.5 | 18.0 |
| 文化和娱乐服务 | 8.8 | 3.8% | 2.7 | 6.0 | −3.3 |
| 知识产权使用费 | 97.9 | 38.1% | 2.0 | 95.9 | −94.0 |
| 其他服务 | 88.6 | −0.3% | 62.7 | 25.9 | 36.7 |

资料来源：《2019 上海服务贸易发展报告》。

### 三、服务贸易效率表现较差

通过引入贸易竞争优势指数（TC 指数，Trade Competitiveness Index）、显性比较优势指数（RCA 指数，Revealed Competitive Advantage）和服务贸易贡献度三个指标来考察上海服务贸易效率。

TC 指数又称为服务贸易比较优势指数，通常指的是"一个国家或地区某服务进出口贸易的差额占该服务进出口贸易总额的比重"，常用于测量一国或地区某一产业的国际竞争力。计算公式如下：

$$TC = \frac{X_{ij} - M_{ij}}{X_{ij} + M_{ij}}$$

其中，TC 表示上海市某种服务的贸易竞争优势指数；$X_{ij}$ 表示上海市该类别服务的出口；$M_{ij}$ 表示上海市该类别服务的进口。该指标取值范围在 −1 到 1 之间。具体地，当指数越接近于 1，说明该领域竞争优势越大，竞争力越强；相反，当指数越接近于 −1，说明该领域竞争优势越小，竞争力越弱。而当指数接近于 0 时，则说明该领域竞争优势接近平均水平。

RCA 指数指的是"一个国家或地区某种服务出口额占其出口总值的份额与世界出口总额中该类服务出口额所占份额的比率"，其计算公式为：

$$RCA = \frac{X_{ij}}{X_i} \bigg/ \frac{X_{wj}}{X_w}$$

其中，$X_{ij}$ 表示上海市 $j$ 类别服务的出口额，$X_i$ 表示上海市全部服务出口额；$X_{wj}$ 表示全世界 $j$ 类别服务的出口额，$X_w$ 表示全世界服务出口额。RCA 指数是一个梯度指数：当 RCA 指数大于 2.5 时，表明上海该领域服务贸易具有极强的国际竞争力；当 RCA 指数在 1.25 到 2.5 之间时，表明上海该领域服务贸易具有较强的国际竞争力；当 RCA 指数处在 0.8 到 1.25 范围时，则认为上海该领域服务贸易国际竞争力一般；而当 RCA 指数小于 0.8 时，则表明上海该领域服务贸易的国际竞争力比较弱。

服务贸易贡献度指的是服务贸易出口和进口增量占国内生产总值增量的比例，它主要反映了服务贸易进出口作为影响经济增长的因素对一个国家或地区 GDP 的贡献情况和直接作用。其具体的计算公式为：

上海服务贸易对 GDP 的贡献度 = 上海服务贸易增量 / 上海 GDP 增量

以 2018 年的数据计算三个指标，结果如表 2-4 所示。

表 2-4　上海 2018 年服务贸易效率情况

| 部门／指标 | TC 指数 | RCA 指数 | 经济贡献度（%） | | |
|---|---|---|---|---|---|
| | | | 出口 | 进口 | 总额 |
| 运输服务 | −0.22 | 1.22 | | | |
| 旅行 | −0.95 | 0.16 | | | |
| 建筑服务 | 0.18 | 0.55 | | | |
| 保险与养老金服务 | −0.06 | 0.51 | | | |
| 金融服务 | −0.18 | 0.02 | | | |
| 电信、计算机和信息服务 | 0.38 | 1.44 | 3.49% | −2.50% | 0.99% |
| 专业管理和咨询服务 | 0.53 | 4.02 | | | |
| 技术服务 | 0.20 | 5.12 | | | |
| 文化和娱乐服务 | −0.38 | 0.34 | | | |
| 知识产权使用费 | −0.96 | 0.05 | | | |
| 其他服务 | 0.42 | 0.66 | | | |

资料来源：根据 WTO 国际贸易统计报告和上海市统计年鉴中的数据计算而得。

如表 2-4 所示，从竞争优势 TC 指数来看，上海市的服务贸易竞争优势整体上都比较弱，在国际上的竞争力都比较小。尤其是旅行和知识产权两个领域的 TC 指数分别为 −0.95 和 −0.96，非常接近于 −1，说明这两个服务贸易领域在国际上的竞争优势非常小，竞争力非常弱。而相对来说，TC 指数表现较好的是专业管理和咨询服务，其 TC 指数为 0.53。

从显性比较优势指数 RCA 来看，总体而言，上海服务贸易在国际上的竞争力除了少数几个服务类别（技术服务、专业管理和咨询服务、电信、计算机和信息服务、运输服务）以外，均比较弱。具体而言，技术服务（RCA 指数 =5.12）和专业管理和咨询服务（RCA 指数 =4.02）在国际上具有极强的竞争力，电信、计算机和信息服务（RCA 指数 =1.44）和运输服务

（RCA 指数 =1.22）在国际上具有较强的竞争力。除此以外，其他服务类别整体表现都不是很好，其 RCA 指数皆小于 0.8，说明这些服务类别在国际上的竞争力很弱。

从经济贡献度的角度来看，2018 年上海市服务贸易出口对经济的贡献度为 3.49%，服务贸易进口对经济的贡献度为 -2.50%，而服务贸易进出口总额对经济增长的贡献度为 0.99%。事实上，相对发达国家（或地区、城市）来说，上海服务贸易的经济贡献度比例很低，整个服务贸易对上海市GDP 的贡献还不到 1%。因此，上海服务贸易的发展还有很大空间。

综上所述，上海市跨境服务贸易的效率表现一般，服务贸易国际竞争力较弱，服务贸易对上海市经济的贡献度较小，服务贸易效率不高。

## 第二节　自贸试验区对上海服务贸易的影响

### 一、上海跨境服务贸易自贸试验区前后差异比较

自上海自贸试验区于 2013 年成立以来，在各项国家政府服务贸易开放政策试点的红利下，上海跨境服务贸易也得到了长足的发展。

从规模来看，自贸试验区成立以来，上海跨境服务贸易取得了较大发展，其中 2015 年和 2016 年两年的跨境服务贸易进出口总额均突破了 2000亿美元的关口，尤其是 2015 年创下了进出口总额 2046.8 亿美元的历史新高，虽然在 2019 年进出口总额略有下降到 2000 亿美元以下，进出口总额为 1843.8 亿美元，但从绝对值上看，依然高于自贸试验区成立以前的任何一个年份。

从增速来看，自贸试验区成立以来，在自贸试验区成立的第 2 年和第 3年，即 2014 年和 2015 年出现了两位数的同比增长率，分别达到 10.7% 和16.7%，虽然在 2016 年和 2017 年略有下降 1 个百分点和 3 个百分点，其主要原因是上海市贯彻落实国家追求经济发展质量，不盲目追求经济规模，

注重供给侧结构性改革的政策有关，导致规模相对增长速度略有下降，但是其绝对规模依然处在较高水平。

从结构来看，自贸试验区成立以来，上海服务贸易结构逐步优化，运输和旅游等传统服务贸易的比例有所下降。上海服务贸易主要新的经济增长点来自计算机和信息服务、文化和娱乐服务、知识产权使用费和许可费等新兴服务领域。

从效率来看，自贸试验区成立以来，上海市整体的跨境服务贸易的TC 指数并没有变得更好，甚至还略有下降（越接近于 -1，表示越差），从2011 年的 -0.27 下降到了 2018 年的 -0.40。从服务贸易逆差来看，自贸试验区成立以来，上海市服务贸易的规模虽然增大，但是贸易逆差也变得更大，从 2011 年的 346.3 亿美元的逆差增长到了 2019 年的 1843.8 亿美元的逆差。因此，自贸试验区的成立虽然增长了上海跨境服务贸易的规模，但并没有提升上海跨境服务贸易的国际竞争力和竞争优势。

表2-5　上海 2011—2019 年服务贸易逆差和整体 TC 指数

| 年份 | 上海服务贸易进出口 | | | 差额（亿美元） | TC 指数 |
| --- | --- | --- | --- | --- | --- |
| | 总额（亿美元） | 进口额（亿美元） | 出口额（亿美元） | | |
| 2011 | 1292.7 | 819.5 | 473.2 | −346.3 | −0.27 |
| 2012 | 1515.6 | 1000.3 | 515.3 | −485 | −0.32 |
| 2013 | 1583.8 | 1130.0 | 453.8 | −676.2 | −0.43 |
| 2014 | 1753.9 | 1259.6 | 494.3 | −765.3 | −0.44 |
| 2015 | 2046.8 | 1441.4 | 605.4 | −836 | −0.41 |
| 2016 | 2018.8 | 1372.3 | 646.5 | −725.8 | −0.36 |
| 2017 | 1954.7 | 1430.4 | 524.3 | −906.1 | −0.46 |
| 2018 | 1975.0 | 1379.3 | 595.8 | −783.5 | −0.40 |
| 2019 | 1843.8 | 1217.5 | 626.3 | −591.2 | −0.32 |

资料来源：根据上海市统计年鉴相关数据计算而得。

## 二、自贸试验区对上海跨境服务贸易的积极效应

### (一) 自贸试验区增强了服务贸易开放度

上海自贸试验区成立以来，试图将上海打造成我国服务贸易开放的新高地，不断提高服务贸易领域的开放度。上海自贸试验区在服务贸易领域率先开展多项制度创新，出台了一系列开放举措，例如，率先探索跨境服务贸易负面清单管理模式，并编制了《中国（上海）自由贸易试验区跨境服务贸易负面清单管理模式实施办法》和《中国（上海）自由贸易试验区跨境服务贸易特别管理措施（负面清单）(2018 年)》。[1] 从外商投资的角度来看，负面清单大幅缩小，从 2013 年的 190 项，缩小到 2018 年的 45 项，开放力度进一步增强。

截至 2018 年底，上海自贸试验区服务业覆盖率涉及了 12 个服务部门中的 11 个，覆盖率达到了 91.7%。按照 2011 年国民经济产业分类目录，涉及 16 个部门，覆盖率达到了 37.21%。现阶段上海自贸试验区服务业开放的覆盖率水平，比我国入世承诺以及过去其他各国签订的自由贸易协定（Free Trade Agreement，简称 FTA）协议都有所提高，而且也使得外资股权限制减少：允许外资独资 9 项，在所有 23 项中占 39.13%，允许外资合资 3 项，占 13.04%，允许合作经营的 2 项，占 8.7%。[2]

整体上看，上海自贸试验区自建立以来，服务业对外开放水平整体上呈现逐年提高的态势。上海自贸试验区自挂牌至今，7 年内出台 5 版负面清单，开放力度日趋加大，但每次增长幅度存在落差，服务各行业开放程度对比如表 2-6 所示，数据显示，与 2013 年相比，2018 年服务业开放度有较大

---

[1] 《〈进一步推进中国（上海）自由贸易试验区外汇管理改革试点实施细则（4.0 版）〉印发》，《新民晚报》2019 年 7 月 12 日。

[2] 谭文君：《负面清单管理模式对我国服务贸易竞争力的影响研究》，对外经济贸易大学博士学位论文，2018 年。

提升，综合服务业开放度增长接近 20%。因此，总体来讲，上海自贸试验区进一步扩大了上海服务贸易的开放度，并对上海服务贸易的发展产生了一定的积极效应。

表 2-6　上海自贸试验区 5 版负面清单下服务业各行业开放度对比　　单位：%

| 服务业 | 2013 版 | 2014 版 | 2015 版 | 2017 版 | 2018 版 |
|---|---|---|---|---|---|
| 批发和零售业 | 67.14 | 55.56 | 80.17 | 80.17 | 88.89 |
| 交通运输、仓储和邮政业 | 61.88 | 47.50 | 58.63 | 62.50 | 73.75 |
| 住宿和餐饮业 | 100.00 | 100.00 | 100.00 | 100.00 | 100.00 |
| 信息传输、软件和信息技术服务业 | 50.00 | 50.00 | 72.92 | 72.92 | 70.83 |
| 金融业 | 50.00 | 69.05 | 61.24 | 60.29 | 78.57 |
| 房地产业 | 70.88 | 50.00 | 100.00 | 100.00 | 100.00 |
| 租赁和商务服务业 | 62.14 | 54.55 | 79.36 | 85.91 | 85.59 |
| 科学研究和技术服务业 | 74.41 | 80.88 | 74.79 | 75.50 | 64.71 |
| 水利、环境和公共设施管理业 | 83.33 | 75.00 | 92.50 | 92.50 | 91.67 |
| 居民服务、修理和其他服务业 | 100.00 | 100.00 | 100.00 | 100.00 | 100.00 |
| 教育 | 33.33 | 33.33 | 14.25 | 13.33 | 37.50 |
| 卫生和社会工作 | 75.00 | 75.00 | 62.50 | 62.50 | 75.00 |
| 文化、体育和娱乐业 | 62.82 | 78.21 | 76.10 | 77.32 | 79.03 |
| 综合 | 67.31 | 69.14 | 74.53 | 75.48 | 80.07 |

资料来源：冯凯、李荣林：《负面清单视角下上海自贸试验区服务业开放度研究》，《上海经济研究》2019 年第 6 期。

### （二）自贸试验区促进了投融资便利化

上海自由贸易试验区成立以来，不断增强投融资便利化程度，积极探索实验新的政策和新方案。国家外汇管理局上海市分局于 2019 年中旬印发了《进一步推进中国（上海）自由贸易试验区外汇管理改革试点实施细则（4.0版）》，通过建立健全宏观资本流动管理，促进贸易和投资便利化是该《细则》的重要内容。在试验区内支持非投资性外资企业的合规真实境内股权投资，同时试点资本项目外汇收入的支付便利化；此外，支持以跨境融资宏观审慎管理模式代替"投注差"借用外债的企业，并允许合理的融资提款币种（偿还币种）与签约币种不一致等方式增加新动能。

上海自贸试验区在建设营商环境方面作了很多尝试，尤其是在推动投融资便利化方面作出了很多创新举措，其中最具代表性的是上海全国率先推出了国际贸易的"单一窗口"制度，该制度被商务部评为了全国自贸试验区制度创新"最佳实践创新案例"，并在全国复制推广。"单一窗口"实现了"一个平台、一次提交、结果反馈、数据共享"，彻底改变了单机的 PC 端企业申报模式，创新构建了互联网的网页企业申报模式，开创了国内首个货物报关报检大表录入方式，实现了申报模式的创新性改革。现在，上海的"单一窗口"制度经过几次升级换代，已经成为一个高效的平台，为 27 万家企业提供服务，并得到世界银行的高度评价。因此，上海自贸试验区进一步提高了上海市的投融资便利化程度，优化了上海市的营商环境，对上海服务贸易的发展产生了一定的积极效应。

### （三）自贸试验区促进了自然人流动

上海成立自贸试验区以来，在人员流动方面也有一些新举措，例如，提高海外高层次人才提供出入境以及就业许可证的便利性，然而，该举措只针对少部分高层次人才，并没有针对大多数的自然人流动成为一种常规性的制度[1]，尤其是对非高层次的自然人流动仍然未制定相应的创新举措，因而尚不具有制度创新的意义。

事实上，我国对于四种服务贸易模式的开放程度存在较大的差异，尤其对自然人流动方面仍然保留了相对较为严格的限制，缺乏自然人流动方面的机制和制度突破与创新。上海自贸试验区要想通过负面清单管理模式打破商

---

[1] 吴文芳：《上海自贸试验区的人员自由流动管理制度》，《法学》2014 年第 3 期。

业存在的限制，其中非常关键的一步是需要进一步放宽自然人流动的限制。与商业存在模式相比，自然人流动模式的开放程度普遍较低，而且自然人流动在开放程度指数上也相差较大。

2018 年 10 月，上海发布了全国首个服务贸易负面清单，共列出涉及 13 个门类、31 个行业大类的 159 项特别管理措施。从内容来看，自然人流动和跨境交付两个方面是"负面清单"最主要的限制，关于境外消费的限制最少。[1] 因此，上海自贸试验区在一定程度上促进了自然人的流动，对上海服务贸易的发展产生了一定的积极效应，但仍然还有提高的空间，应该持续加大自然人流动方面的机制创新与突破。

### 三、上海跨境服务贸易面临的瓶颈制约

总体来看，由于自贸试验区制度创新降低了贸易成本，提高贸易便利化程度，在一定程度上提高了开放度，对上海跨境服务贸易的规模增长、贸易便利化和投融资自由化方面起到一定的积极作用。但从上海服务贸易的国际竞争力的效果来看，依然还有很大的提升空间。主要表现在：上海自贸试验区对上海服务贸易量能的促进作用大于对服务贸易质量的提升作用。从进出口结构和平行结构来看，虽然在上海自贸试验区发展带动下，上海服务贸易的量能得到了释放，但是其逆差和结构失衡问题并没有得到有效解决，反而有细微恶化的趋势；虽然自贸试验区带动了新兴服务贸易占比的提高，但对于上海服务贸易的结构失衡没有形成实质性优化。从上海服务贸易的竞争力来看，自贸试验区的服务贸易作用还呈现出比较弱的特征。因此，上海服务贸易竞争力还有很大提升空间，尤其是在知识产权使用和金融等领域与全球城市的差距依然比较大。从自然人流动来看，服务贸易的四个构成，与商业存在模式相比，自然人流动模式的开放程度普遍较低。

---

[1] 孙鑫：《自贸试验区力争打造服务贸易开放新高地》，《上海人大月刊》2018 年第 10 期。

## 第三节　上海服务贸易存在的问题及其未来发展改革方向

### 一、服务贸易逆差相对较大

上海服务贸易的规模近几年来虽然得到了提升，在全国的服务贸易规模也位居第一位，但是上海服务贸易的逆差较大，且呈现逐年增长的趋势。贸易逆差从 2011 年的 346.3 亿美元扩大到了 2018 年的 783.5 亿美元，足足增长了 2 倍多。根据 2018 年的数据来看，上海市服务贸易出口为 595.8 亿美元，而进口为 1379.3 亿美元，进口额是出口额的两倍以上，出现的逆差为 783.5 亿美元。具体从行业来看，除了专业管理和咨询服务，电信、计算机和信息服务以及其他服务等少数几个服务类别有顺差以外，其他的服务类别都处于贸易逆差。其中，逆差来源最大的行业是旅游，2018 年达到了873.4 亿美元，其次是知识产权使用，2018 年达到了 94.0 亿美元，第三逆差来源是运输，2018 年达到了 70.7 亿美元。

表 2-7　上海服务贸易进出口逆差情况　　　　单位：亿美元

| 年　份 | 上海服务贸易进出口 | | | 逆差额 |
| --- | --- | --- | --- | --- |
| | 总　额 | 进口额 | 出口额 | |
| 2011 | 1292.7 | 819.5 | 473.2 | 346.3 |
| 2012 | 1515.6 | 1000.3 | 515.3 | 485.0 |
| 2013 | 1583.8 | 1130.0 | 453.8 | 765.3 |
| 2014 | 1753.9 | 1259.6 | 494.3 | 765.3 |
| 2015 | 2046.8 | 1441.4 | 605.4 | 836.0 |
| 2016 | 2018.8 | 1372.3 | 646.5 | 725.8 |
| 2017 | 1954.7 | 1430.4 | 524.3 | 906.1 |
| 2018 | 1975.0 | 1379.3 | 595.8 | 783.5 |

资料来源：根据上海市统计年鉴、上海服务贸易发展报告、上海服务贸易网等数据整理而得。

　　未来的发展和改革方向应该紧紧抓住新一轮科技革命为服务贸易带来的新空间。新一轮基于数字经济为核心的科技革命正在全面重塑全球贸易，例如，贸易的动力、内容、方式和主体等。一是数字化经济快速发展，诸如人工智能（Artificial Intelligence）、大数据（Big Data）、云计算（Cloud Computing）和区块链（Blockchain）等前沿技术的快速发展，"不断催生出跨境电商和平台经济等新的贸易方式和服务业态，拓展了服务贸易的空间和规模。二是服务贸易正在趋于数字化和平台化，通过重塑商业模式大幅提升了服务的可贸易性"[1]。信息技术的发展为数字贸易发展奠定了坚实的基础，例如，"可视化技术与跨境交付正在从根本上变革商业模式和贸易方式，因而使得传统服务产品大幅提高了跨境贸易的可能性。同时，也大幅提升了金融、康养医疗以及旅游文娱等服务贸易的便捷性"，使得服务贸易规模快速增长。三是数字经济的发展大幅降低了服务贸易成本。根据 WTO《2019 年世界贸易报告》显示：传统服务贸易成本大约是商品贸易成本的两倍，但在 2000 年至 2017 年期间，服务贸易成本下降了 9 个百分点。因此，上海市服务贸易未来应该抓住新一轮科技革命的契机，进一步不断降低服务贸易成本，拓宽服务贸易空间，催生新的服务贸易业态，进而促进服务贸易量能和质量，缩小贸易逆差。

### 二、服务贸易结构相对失衡

　　从 2018 年上海市服务贸易的类别构成情况来看，上海服务贸易仍以传统劳动密集型的旅行和运输服务等业态为主。其中，2018 年旅游服务贸易进出口总额为 919.8 亿美元，占上海市 2018 年服务贸易总额的比例达 46.6%，运输服务 2018 年服务贸易进出口总额达到了 325.1 亿美元，占上海市 2018 年服务贸易总额的比例达 16.5%。由此可见，传统服务贸易已占

---

[1]　马玉荣：《服务贸易呈现开放发展新趋势——专访国务院发展研究中心对外经济研究部部长张琦》，《中国发展观察》2020 年第 15 期。

上海整个服务贸易规模 60% 以上的比例，结构有待进一步优化。但在某些要素服务贸易领域的发展还相对滞后，例如，金融服务、信息服务等专业技术、知识密集型以及资本密集型服务，仅有专业管理和咨询服务的规模达到了 287.6 亿美元，占上海市 2018 年服务贸易总额的比例为 14.6%，其他新兴服务贸易的占比规模均在 10% 以下。

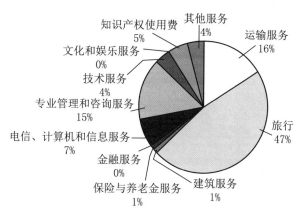

图 2-1　上海市 2018 年服务贸易结构情况

近几年来，全球服务贸易正在向高端服务拓展，除两大传统领域：旅游和交通运输外，计算机与信息服务、专业服务和管理咨询、金融服务、研发、知识产权交易、维修服务等领域迅速成长，为各国密切关注和着力发展的领域。对标全球服务贸易和纽约、伦敦、香港等全球城市的服务贸易发展趋势，可以看出上海服务贸易的结构质量还有待提高，总体仍然处在服务贸易链的下游。主要体现在：知识密集型服务贸易规模较低，主要表现在金融、养老保险、文化和娱乐、电信、计算机和信息服务等领域，如知识产权使用费出口额仅为 2 亿美元、进口额为 95.9 亿美元，导致出现较大比例的贸易逆差。

未来的发展和改革方向，可以将制造业服务化作为价值链升级的新引擎。一是"全球产业链中制造与服务环节的联系更为紧密，生产性服务得到了快速发展。商品中的服务元素越来越成为提升产品竞争力的重要因素，已成为企业利润的重要来源和价值链增值的重要环节"[1]。世界银行发布的《制造导向发展的未来》认为，发达国家产品的最终价格中服务环节增值超过六成，而制造环节的增值仅仅占比不到四成。二是区域合作助力服务贸易发展。我国 2018 年与"一带一路"沿线国家的服务贸易总额达到 1217 亿美元，占我国服务贸易总额的 15.4%。对"一带一路"沿线国家的投资和承包工程快速发展，2019 年在"一带一路"沿线国家承包工程完成营业额 979.8 亿美元，同比增长 9.7%；承接"一带一路"沿线国家服务外包合同执行额达到 184.7 亿美元，占比为 19.1%。三是制造与服务日益融合，服务业极大地支撑和促进了制造业的数字化、网络化和智能化转型，服务已成为制造企业保持竞争优势的重要因素。因此，上海市服务贸易未来应该将制造业服务化，尤其是智能制造服务化，作为价值链能级提升的重要驱动力，以此来改善服务贸易的结构失衡。

### 三、细分服务部门差异显著

首先，从比较优势指数来看，纵向而言，相关研究发现上海服务贸易中传统领域（如旅游）的整体 TC 指数呈下降趋势，同样呈下降趋势的还有保险和运输行业，表明了这些领域的比较优势正在下降；横向而言，2018 年的面板数据显示，上海服务贸易的 TC 指数除专业管理咨询服务和其他服务两个板块稍好（0.5 左右），其他绝大多数板块的 TC 指数都为负，尤其是知识产权使用和旅游两个板块，TC 指数几乎接近 -1，说明这两个领域的国际竞争力较弱。

其次，从显性比较优势指数 RCA 指数来看，除了技术服务、专业管理和咨询服务、电信、计算机和信息服务、运输服务表现较好以外，其他服务

---

[1] 马玉荣：《服务贸易呈现开放发展新趋势——专访国务院发展研究中心对外经济研究部部长张琦》，《中国发展观察》2020 年第 15 期。

类别的 RCA 指数不容乐观，均处于 0.8 以下，尤其是知识产权和金融领域的 RCA 指数接近于 0，表明上海服务贸易在这两个领域的国际竞争力非常弱，而这对于上海建成国际金融中心和国际科创中心的目标差距较大。

第三，从服务贸易对经济的贡献度来看，2018 年的数据显示，服务贸易进出口总额对经济的贡献度为 1% 左右。具体而言，上海服务贸易出口对上海 GDP 的经济贡献度在 3.49% 左右，虽然出口的体量小，但对上海市经济增长贡献是正的。相反，上海服务贸易进口对上海 GDP 的经济贡献度在 -2.5% 左右，虽然体量大，但是对上海经济的贡献却是负的。

因此，综合来看，上海服务贸易的国际竞争力相对较弱，传统的服务贸易部门如旅游呈现出口量大但是竞争力较弱，且呈现严重的逆差，新兴服务类别如知识产权使用、金融领域呈现出量小且竞争力也弱的局面，而服务贸易作为一个地区经济增长的因素，上海服务贸易对上海 GDP 的贡献和直接作用很小，2018 年仅仅为 1% 左右，效率较低。

未来的发展和改革方向发展应该着力培育新引擎、新动能，提升高端服务贸易国际竞争力。主要体现在以下方面：第一，服务贸易的价值链正不断向高端环节延伸。全球服务贸易出口分类统计数据显示，知识密集型服务贸易正逐步占据服务贸易总额的主导地位，发达国家凭借其先发优势、领先的科学技术和厚实的经济实力，成为服务贸易的主要出口国，一直占据服务贸易高端价值链的优势地位，如美国以知识密集型服务业和新兴服务业占主导地位。

第二，技术服务贸易和新兴服务贸易快速发展成为全球服务贸易增长的主要引擎。由信息技术革命带来的产业变革持续发酵，推动全球服务贸易向数字化、智能化和平台化方向发展。与此同时，大数据、AI、云计算、区块链等智能技术的快速崛起，不断催生新兴服务业态。

第三，新兴经济体是推动服务贸易增长的主要动力。随着中国等新兴经济体的经济实力不断增强，发展中国家参与、融入全球经济速度不断提升，这些发展中国家的服务业对外开放程度逐步提高，为发达国家服务业进入广袤的发展中国家市场提供了有利条件。目前，中国和印度已经成为全球离岸外包的两大目的国，新兴经济体在全球服务贸易中正在发挥越来越大的作用。因此，上海市服务贸易未来在巩固传统服务贸易的同时，应该抓住新引擎，培育新动能，进而提升高端服务贸易的国际竞争力。

## 四、自贸试验区功能受限，量能促进作用大于质量提升作用

自贸试验区 2013 年成立以来，由于其降低了贸易成本，提高贸易便利化程度，在一定程度上提高了开放度，对上海跨境服务贸易的规模增长、贸易便利化和投融资自由化方面起到一定的积极推动作用，但从上海服务贸易的国际竞争力的效果来看，依然还有很大的提升空间。

上海自贸试验区对上海服务贸易量能的促进作用大于对服务贸易质量的提升作用。从进出口结构和平行结构来看，虽然在上海自贸试验区发展带动下，上海服务贸易的量能得到了释放，但是其逆差和结构失衡问题并没有得到有效解决，反而有细微恶化的趋势，虽然在自贸试验区的带动下，新兴服务贸易占比有一定的提高，但对于上海服务贸易的构成与平衡并没有形成实质性的优化。从上海服务贸易的竞争力来看，自贸试验区的作用更显得比较微弱，上海服务贸易的竞争力还有很大提升空间，尤其是在知识产权使用和金融等领域与国际城市的差距依然比较大。从服务贸易的四个构成来看，与商业存在模式相比，自然人流动模式的开放程度普遍较低，而且自然人流动在开放程度指数上也相差较大。

未来的发展和改革方向应该充分借鉴国际先进经验，为我国服务贸易发展创造良好的环境。"一是始终坚持服务业对外开放，提高自贸试验区服务业对外开放水平。遵循'循序渐进、重点突破、逐一深入'的原则，继续推进服务业扩大与开放，对服务贸易管理体制机制中存在的弊端进行改革，在财税、金融、保险、海关监管及贸易便利化等方面尽快取得新的突破，为新

片区服务业和服务贸易加快发展提供良好的政策环境。二是以服务外包为新的增长点，实现服务贸易增长方式创新。在巩固现存临港新片区优势服务贸易出口的同时，将服务外包作为新增长点，加快推进服务外包升级，引导新片区服务外包走向高端化、专业化、定制化和国际化，力争将临港新片区打造成全球高端服务外包的承接高地。"[1]三是在巩固传统服务贸易的同时，大力发展新兴服务贸易。提高新兴服务贸易在服务贸易总额中的份额，在临港新片区着力发展知识密集型的生产服务业，鼓励更多外资进入各类专业和商务服务业，例如，金融、电信以及科技服务、广告设计、管理咨询等。要依托基础研究、原创技术和数字信息新技术等，积极开拓高端化、高附加值的新兴服务贸易，提高我国服务产品的国际竞争力和比较优势，以高质量、高标准引领我国服务贸易创新发展。

---

[1]　温韧：《上海自贸试验区新片区服务贸易海关监管模式设计和政策研究》，《科学发展》2020 年第 8 期。

# 第三章

# 上海自贸试验区跨境服务贸易监管体系及高水平对标

## 第一节　上海自贸试验区跨境服务贸易监管体系

制造业日趋服务化和服务业不断外包化，并向高端化、数字化与融合化的方向发展，正在成为快速推动全球服务贸易成长的新动力。不仅如此，服务贸易还对建设贸易强国、扩大对外开放、高质量发展外贸起着重要的推动作用。上海自贸试验区是我国设立的首个自贸试验区，在 2013 年率先拟定外资准入负面清单，实施了事中事后监管、政府管理体制等方面相应的措施，自成立以来已取得了令人瞩目的成效。《中国（上海）自由贸易试验区跨境服务贸易负面清单管理模式实施办法》[1] 定义"跨境服务贸易"为"由境外向自贸试验区内开展服务交易的商业活动"，包括跨境交付模式——自境外向自贸试验区内提供服务，境外消费模式——在境外向来自自贸试验区内的消费者提供服务，以及自然人流动模式——境外服务提供者通过在自贸试验区内的自然人存在提供服务。

### 一、以负面清单为核心的管理模式
### （一）"负面清单"管理模式概览
起源于国际经贸往来活动的"负面清单"管理模式早期主要适用于一个

---

[1]　以下简称《实施办法》。

国家对外商投资的准入监管。2013 年 9 月，上海市人民政府发布《中国（上海）自由贸易试验区外商投资准入特别管理措施（负面清单）（2013 年）》，引起社会各界热议。党的十八届三中全会决议明确提出，要"在制定负面清单基础上，各类市场主体可依法平等进入清单之外领域"，并扩大了"负面清单"管理模式的适用范围——从传统的外资市场准入领域扩大为内资和外资共同市场准入领域。

我国于 2020 年 1 月开始实施《外商投资法》，并取代《中华人民共和国中外合资经营企业法》《中华人民共和国外资企业法》《中华人民共和国中外合作经营企业法》，成为我国外商投资所依据的基础法律，也是我国第一次从法律角度明确对外资启动准入前国民待遇加负面清单管理模式。《外商投资法》第四条界定负面清单为国家规定在特定领域对外商投资实施的准入特别管理措施，对负面清单之外的外商投资，给予国民待遇。其中《外商投资法》第二十八条明确阐释了负面清单的管理模式，即：（1）外商投资准入负面清单规定禁止投资的领域，外国投资者不得投资；（2）外商投资准入负面清单规定限制投资的领域，外国投资者进行投资应当符合负面清单规定的条件；（3）外商投资准入负面清单以外的领域，按照内外资一致的原则实施管理。

负面清单模式的特征是以否定性列表的形式注明外资禁入的领域。自从上海自贸试验区率先实行负面清单制度以来，全国也在逐步推行"非禁即入"的负面清单管理模式。[1] 我国发布并实施的负面清单主要包括《市场准入负面清单（2020 版）》（以下简称"市场准入负面清单"）、《外商投资准入特别管理措施（负面清单）（2019 版）》（以下简称"外资全国版负面清单"）和《自由贸易试验区外商投资准入特别管理措施（负面清单）（2019 版）》（以下简称"外资自贸试验区负面清单"）。这三类负面清单主要涉及如下内容：（1）市场准入负面清单。主体共 151 个事项，有禁止和许可两

---

[1]　王利明：《负面清单管理模式与私法自治》，《中国法学》2014 年第 5 期。

类事项。对禁止准入事项，市场主体不得进入；对许可准入事项，由市场主体提出申请，行政机关依法依规作出是否予以准入的决定；对市场准入负面清单以外的行业、领域、业务等，各类市场主体皆可依法平等进入。（2）外资全国版负面清单。体例上不再针对限制类和禁止类类目进行单独列举，涉及 13 个分类，共计 40 条，并统一列出股权、高管等外商投资准入方面的特别管理措施，清单之外的领域，实施内外资一致管理。对部分领域列出了取消或放宽准入限制的过渡期，过渡期满后将按时取消或放宽其准入限制；境外投资者不得作为个体工商户、个人独资企业投资人、农民专业合作社成员，从事投资经营活动；境外投资者不得投资清单中禁止外商投资的领域；投资清单之内的非禁止投资领域，须进行外资准入许可；投资有股权要求的领域，不得设立外商投资合伙企业；境内公司、企业或自然人以其在境外合法设立或控制的公司并购与其有关联关系的境内公司，涉及外商投资项目和企业设立及变更事项的，按照现行规定办理；清单中未列出的文化、金融等领域与行政审批、资质条件、国家安全等相关措施，按照现行规定执行。（3）外资自贸试验区负面清单。与外资全国版负面清单体例相似，相关类目的过渡期安排也与外资全国版负面清单相同，涉及 13 个分类，共计 37 条。自贸试验区的第一份负面清单出自上海自贸试验区，在 2013 年 9 月颁布，共 190 项。2014 年，大幅度调整减少到 139 项。2015 年，在自贸试验区扩围之际，又进一步减到 122 项，并扩展覆盖到上海、广东、天津、福建 4 个自贸试验区。2017 版自贸试验区负面清单又大幅度调整减少为 95 项，覆盖 11 个自贸试验区。2018 版自贸试验区负面清单减至 45 项。2019 年的修订进一步缩减了负面清单长度，缩减至 37 项。6 年来，外资准入负面清单条目经过 5 次修订，从 190 项缩减至 37 项，缩减逾八成。[1]

上述三类负面清单中，市场准入负面清单适用于全部市场主体，包括内

[1] 中国一带一路网：《自贸试验区 6 周年！来看六年中自贸试验区的"加减法"》，载中国一带一路网微信公众号 https://mp.weixin.qq.com/s/buXXv8-FSeEmSFeji7H7Uw，2019 年 9 月 28 日。

资企业及外商投资企业。外资全国版负面清单及外资自贸试验区负面清单，则专门适用于外商投资企业。关于两份外资负面清单的适用规则，《外商投资法》中明确规定：国家根据需要设立特殊经济区域，或者在部分地区实行外商投资试验性政策措施，促进外商投资，扩大对外开放。外资自贸试验区负面清单在其说明篇章第一项也指出：外资自贸试验区负面清单统一列出股权、高管等外商投资准入方面的特别要求，适用于自由贸易试验区。据此，在自贸试验区进行的外商投资，应优先适用外资自贸试验区负面清单，而在自贸试验区之外的地区进行的外商投资应适用外资全国版负面清单。此外，外商投资还应根据内外资一致原则适用前述市场准入负面清单。[1]

**（二）上海自贸试验区跨境服务贸易负面清单管理模式**

国务院印发的《全面深化中国（上海）自由贸易试验区改革开放方案》明确提出"创新跨境服务贸易管理模式"，明确指出在合适领域分层次逐步取消或放宽对跨境交付、自然人移动等模式的服务贸易限制措施。另外，《上海市贯彻落实国家进一步扩大开放重大举措加快建立开放型经济新体制行动方案》再次明确"探索跨境服务贸易负面清单管理模式"。上海市在服务贸易领域率先开展制度创新，探索实施跨境服务贸易负面清单管理模式，并编制印发了《实施办法》、《中国（上海）自由贸易试验区跨境服务贸易特别管理措施（负面清单）（2018 年）》（以下简称《负面清单》）。其中，《实施办法》主要是为了推进跨境服务贸易负面清单管理的法治化、制度化、规范化和程序化，构建与负面清单管理模式相匹配的，权责明确、公平公正、透明高效、法治保障的跨境服务贸易事中事后监管体系，是全国第一部确定以负面清单模式对服务贸易进行管理的地方政府文件；而《负面清单》立足于自贸试验区深化改革开放的要求，以建设开放度最高的自由贸易试验区为目标，本着遵循国际通行规则的原则，以国际化、透明度、开放度为标准，

---

[1]　郑宇、葛田雯：《解读〈外商投资法〉下的负面清单制度》，载君合法律评论微信公众号 https://mp.weixin.qq.com/s/Pq1T76wckUSr0Y4Dw0o77w，2019 年 5 月 14 日。

全面检索了现行有效的法律、法规、规章和国家有关规定，是全国第一张服务贸易领域的负面清单。[1]

《实施办法》共 15 条，主要内容包括：（1）明确跨境服务贸易的定义。即包括跨境交付、境外消费、自然人流动三种模式。（2）确立跨境服务贸易管理与开放的基本原则。就是要按照"大胆闯、大胆试、自主改"的要求，坚持法治理念、坚持制度创新、坚持放管三者结合，为建设上海"五个中心"、服务"一带一路"倡议和联动长江经济带提供有力的支持，确保自贸试验区跨境服务贸易管理与开放于法有据、风险可控。（3）建立负面清单管理模式。负面清单必须在现行国家法律、法规、规章和政策框架下编制，必须统一列明跨境服务贸易领域对境外服务和服务提供者采取的措施，如与国民待遇、市场准入限制、当地存在要求、资质许可等特别管理措施。（4）明确部门管理职责。既要明晰跨境服务贸易监管的部门职责，也要发挥上海市服务贸易发展联席会议功能，建立跨部门协调制度，提升协同监管水平。（5）明确规定试点开放领域应当配套风险防范制度。（6）明晰与效力有关的事项。即包括港澳台地区的服务和服务提供者参照境外服务和服务提供者执行；有关法律、法规、规章及规定对跨境服务贸易特别管理措施作出修改调整的，国家在跨境服务贸易领域制定新措施的，或者国家批准在自贸试验区进行跨境服务贸易改革试点的，按照相关规定执行；CEPA（内地与港澳关于建立更紧密经贸关系的安排）、ECFA（海峡两岸经济合作框架协议）及我国签订的自由贸易协定中对跨境服务贸易有更优惠开放措施的，按照相关协议规定执行；办法自 2018 年 11 月 1 日起施行。[2]

《负面清单》在结构上分为"编制说明"和"特别管理措施列表"两部

---

[1] 朱凯：《上海公布自贸试验区跨境服务贸易负面清单》，《证券时报》2018 年 10 月 10 日。

[2] 《〈中国（上海）自由贸易试验区跨境服务贸易负面清单管理模式实施办法〉解读》，载上海市人民政府网站 http://www.shanghai.gov.cn/nw2/nw2314/nw2319/nw41893/nw42229/u21aw1343259.html，2018 年 10 月 9 日。

分内容。其中，"编制说明"主要对跨境服务贸易定义进行界定；对"负面清单"所列特别管理措施为不符合国民待遇等原则的措施予以界定；对负面清单的适用范围（自贸试验区范围内）、法规依据和行业分类标准予以说明；对清单中未列出的与国家安全、公共秩序、文化、金融、政府采购等方面相关的特别管理措施，明确按照相关规定执行；香港、澳门、台湾地区的服务和服务提供者参照境外服务和服务提供者执行，CEPA、ECFA 及我国签订的自由贸易协定中对跨境服务贸易有更优惠开放措施的，按照相关协议规定执行。"特别管理措施列表"本着与外商投资准入负面清单相衔接的原则，根据《国民经济行业分类》（GB/T4754-2017），共列示了 159 项，涉及 13 个门类和 31 个行业大类。对列入负面清单的跨境服务贸易行为，由各部门按照相应法律法规规定实施管理，在负面清单以外则按照境外服务以服务提供者与境内服务及服务提供者待遇一致的原则实施管理。

《实施办法》与《负面清单》的出台标志着上海自贸试验区跨境服务贸易负面清单管理模式的建立。跨境服务贸易负面清单管理模式的进一步探索，对于我国融入全球价值链、服务全国贸易创新发展探索经验以及自贸试验区不断深化改革和扩大开放等方面具有重大意义。[1] 具体表现在如下方面：（1）有助于进一步消除服务贸易壁垒，推动服务贸易自由化、便利化以及我国接轨高水平协定、参与国际规则制定，进而提升我国在全球经济贸易体系中的话语权。（2）不断探索上海自贸试验区跨境服务贸易扩大开放与便利化试点，有助于形成可复制可推广的改革经验，进一步推动全国服务贸易创新体制。（3）率先在自贸试验区开展实施跨境服务贸易负面清单管理模式，进行压力测试，助力自贸试验区当好领跑者，从而提升服务贸易国际竞争力。未来，上海市将继续围绕持续深化改革与扩大开放的宗旨，不断总结

---

[1]《上海自贸试验区实施跨境服务贸易负面清单》，载上海金融官微 https://mp.weixin.qq.com/s/f24EJcLCAMHYR369NYUWCA，2018 年 10 月 10 日。

实践经验，进一步修订完善"负面清单"内容，着重增强政策法规的透明度与扩大服贸领域的开放度等方面工作。[1]

**二、事中事后监管体系**

2013 年 9 月国务院颁发的《中国（上海）自由贸易试验区总体方案》明确规定，上海自贸试验区五大主要任务之一即是加快转变政府职能，改革创新政府管理方式，按照国际化、法治化的要求，积极探索建立与国际高标准投资和贸易规则体系相适应的行政管理体系，推进政府管理由注重事先审批转为注重事中事后监管。事中事后监管，主要指政府依据相关法律法规规定，在各职能部门相互协调下，针对市场及其市场经营主体正在进行的或已结束的行为和活动进行整体性、全过程、多方位的监督和管理。由此可知，事中事后监管体系旨在规范各种市场行为，创造良好的市场环境。[2] 在这种监管体系下，上海自贸试验区要实行"宽进严管"，不仅要把该放的权利放开到位，又要把该管的事务管住、管好。[3] 上海自贸试验区加强政府职能转变，不断进行政府事中事后监管的有益探索，确立以规范市场主体行为为重点的事中事后监管制度，形成透明高效的准入后全过程监管体系。

自上海自贸试验区正式挂牌以来，探索构建了以下六项基本的以政府职能转变为核心的事中事后监管制度。（1）安全审查制度。与负面清单管理模式和外资备案管理改革相衔接，在外资准入阶段建立涉及外资的国家安全

---

[1]《上海首次发布自贸试验区跨境服务贸易负面清单，共涉及 31 个行业 159 项》，载优维金融空间微信公众号 https://mp.weixin.qq.com/s/fdmaAUYjJaNVPirSmjoHsA，2018 年 10 月 9 日。

[2] 陈奇星：《强化事中事后监管：上海自贸试验区的探索与思考》，《中国行政管理》2015 年第 6 期。

[3] 蒋硕亮、刘凯：《上海自贸试验区事中事后监管制度创新：构建"四位一体"大监管格局》，《外国经济与管理》2015 年第 8 期。

审查工作机制，以降低扩大外资准入和开放后可能产生的风险。（2）反垄断审查制度。主要针对经营者集中、垄断协议和滥用市场支配地位等方面参与反垄断审查的制度探索。（3）社会信用体系。依托已建成的上海市公共信用信息服务平台，完善与信用信息、产品使用有关的各种信用制度，形成"一处失信、处处受限"的社会信用环境。（4）企业年度报告公示和经营异常名录制度。企业年度报告公示制度即企业通过市场主体信用信息公示系统向工商部门报送年度报告，并向社会公示，任何单位和个人均可查询。特定企业还须提交会计师事务所出具的年度审计报告。对未按规定期限公示年度报告的企业，工商行政管理机关在市场主体信用信息公示系统上将其载入经营异常名录，提醒其履行年度报告公示义务。（5）信息共享和综合执法制度。其重点是健全上海自贸试验区信息共享、服务平台和各部门联动执法、协调合作机制。（6）社会力量参与市场监督制度。通过扶持引导、购买服务、制定标准等制度探索，在行业准入、认证鉴定、评审评估、标准制定、竞争秩序维护等方面，充分发挥行业协会和专业服务机构的作用。

上海自贸试验区成立之初，如何厘清政府和市场关系是自贸试验区改革的内容之一。上海市十四届人大常委会第三十一次会议提出，事中事后监管方面，主要是在浦东一级完整的地方政府架构内，探索建立以综合监管为基础、以专业监管为支撑的监管体系。2016 年 7 月，上海市政府出台了《上海市事中事后综合监管平台建设工作方案》，指出事中事后综合监管平台是统一的监管信息共享和业务联动平台，其功能是实现各领域监管信息的实时传递和无障碍交换；提出要建立政府综合监管体系和社会共治应用体系，并对监管数据综合应用，帮助科学决策。2016 年 8 月，上海市政府出台了《进一步深化中国（上海）自由贸易试验区和浦东新区事中事后监管体系建设总体方案》（以下简称《方案》）。上海自贸试验区在事中事后监管方面形成了一系列制度创新成果，《方案》的出台意味着上海自贸试验区事中事后监管体系有了顶层设计，既有对未来发展的规制，也是基于成功试验的提炼，不少事项体现出"边改革、边总结、边完善、边推动"的特质。[1]《方案》明确，事中事后监管体系总体目标是围绕营造法治化、国际化、便利化的营商环境和公平、统一、高效的市场环境，使在资源配置中起决定性作用的是市场，构建市场主体自律、业界自治、社会监督、政府监管互为支撑的监管格局，全面提升开放条件下的公共治理能力，使市场和社会既充满活力又规范有序。《方案》主要任务有八个方面、27个条目，包括强化市场主体责任、创新市场评价机制、发挥金融机构的市场制约作用、支持行业协会和商会发展、建立新型业界自治平台、发挥第三方专业机构监督作用、发挥公众和舆论的监督作用、厘清监管职责、健全监管标准、加强风险监测、预警和方法、完善市场退出机制、促进行政与司法衔接、率先创新"证照分离"改革116项许可证事项的监管方式、深化浦东新区大部门制改革、完善综合执法体系、以"互联网＋"和大数据技术为支撑，实施精准监管、建设和完善浦东新区网上政务大厅等。《方案》立足于更好的"管"，为更大的"放"提供保障。[2]

事中事后监管，是上海自贸试验区政府管理体制改革的重要内容，由于涉及政府职能转变等内容，也被外界认为是改革难度较大的领域之一。近几年来，上海自贸试验区以市场经济规则为核心，不断创新政府管理体制，建立了诚信管理、分类监管、风险监管、联合惩戒、社会监督"五位一体"事中事后监管体系，以及社会信用信息共享的事中事后监管基础性制度，实现由规范市场主体资格向规范市场主体行为转变。[3] 对于注册、许可、监管

［1］《自贸区事中事后监管成效显著》，载中国上海自贸试验区微信公众号 https://mp.weixin. qq.com/s/GH79DkFsvzma5pZokqrX5A，2016年8月24日。

［2］《上海自贸区事中事后监管方案出炉》，载中国上海自贸试验区微信公众号 https:// mp.weixin.qq.com/s/MY2tAR83loA9ng4if01rDg，2016年8月12日。

［3］《上海自贸区新片区总体方案逐条解读及商业银行机会分析》，载民银研究微信公众号 https://mp.weixin.qq.com/s/VQXrys05rAAassw_JgkN3w，2019年8月8日。

和执法部门间信息共享较不充分、监管协同不足等问题，2016 年上海自贸试验区创新提出"双告知、双反馈、双跟踪、双随机、双评估、双公示"的政府综合监管机制。经过不断完善，目前已实现全区所有 21 个监管部门和所有 108 个行业领域的全覆盖。

此外，结合市场需求，上海自贸试验区充分利用互联网和移动互联网技术，构建出事中事后监管管理平台，平台主要包括事中事后综合监管信息化平台和与综合监管信息平台相适应的监管事务处理的各种标准流程。[1] 事中事后综合监管信息化平台设计的框架功能模块，包括双告知、双随机、监管预警、联合惩戒、信息归集、共享应用、应用支撑、行刑衔接、制度建设、网上督察、标准化行政审批、专业化行政审批监管、网络基础平台、数据交换共享、短信平台、微信服务、信用核查、信用预警、证照联动和社会监督等。为了实现这些功能，法人、人口、空间地理、政务信息资源动态共享交换、专业系统数据库、公共信用信息库这六大数据库提供信息来源。监管组织包括卫生和计划生育委员会、规划和国土资源管理局、经济和信息化委员会、市场监督管理局、住房和城乡建设管理委员会、民政局、水务局、环境保护和市容卫生管理局等 16 个部门。

### 三、管理体系构建与各部门的协同

随着上海自贸试验区的扩容以及自贸试验区事务相关的协调机制逐步完善，从建设目标、管理体制、运行过程等方面来看上海自贸试验区构建跨部门协调机制都有着较大的调整。[2] 从建设目标看，根据《中国（上海）自由贸易试验区总体方案》的要求，上海自贸试验区政府职能转变的重要内容

---

[1]《自贸试验区制度创新——事中事后监管制度（四）》，载沣东自贸产业园微信公众号 https://mp.weixin.qq.com/s/45M5EXVxJXoYAjqwsPqKXg，2017 年 8 月 31 日。

[2] 王菲易：《上海自贸试验区跨部门协调机制研究：一个分析框架》，《国际商务研究》 2016 年第 1 期。

之一是改革创新政府管理方式。上海自贸试验区的管理将之前由行政手段为主转变为以法律手段为主；由各个部门各自为政转变为部门间协同管理，包括建立集中统一的市场监管综合执法体系以及一口受理、综合审批和高效运作的服务模式。从管理体制看，上海自贸试验区由中央政府、地方政府以及自贸试验区内部共同管理，且这三层级管理体制之间需要相互协调与沟通。从运行过程看，上海自贸试验区的政策创新和执行需要建构跨部门协调机制。此外，上海自贸试验区有关的投资、产业、贸易、税收和金融等各种政策的持续创新需要商务、工商、财税和金融监管等多个部门的共同协作。因此，上海自贸试验区构建跨部门协调机制也包括中央政府、上海市政府和浦东新区政府之间的纵向协调。

2015年4月，上海自贸试验区扩展区域挂牌，相应地，其管理体系也作出调整，自贸试验区管委会与浦东新区政府实行一体化合署办公。合署后的管理架构是：在市级层面，设立上海自贸试验区推进工作领导小组及其办公室，办公室设在市发改委，研究部署自贸试验区改革开放试点任务。在管委会层面，自贸试验区建设的主体责任由浦东新区承担，管委会内设3个职能局，浦东新区的各委办局实质上同时也是自贸试验区管委会的各委办局，更加强调以自贸试验区的理念和规则开展工作。在片区层面，设置保税区、陆家嘴、金桥、张江、世博5个区域管理局，负责片区管理、创新落地、功能拓展、企业服务等工作。联动创新"一级政府管理体制"，充分发挥上海自贸试验区管委会和浦东新区政府合署办公的优势，处理好政府和市场的关系，切实加快政府职能转变，增强了自贸试验区改革的部门协同性。

上海自贸试验区"一级政府管理体制"改革创新分为三类：一是带动推广类，在一级政府平台上放大、集成自贸试验区先行先试经验，形成制度创新成果；二是互动深化类，自贸试验区先行先试与浦东新区承担国家战略形成叠加互动，深化改革创新；三是整体推动类，围绕一级政府管理体制创新的整体推进，主要形成如下创新点[1]：(1) 从"正面"到"负面"，引入与推广负面清单管理制度，相继推出了权力清单、责任清单、减权清单"三张清单"。(2) 从"先证后照"到"先照后证"再到"证照分离"，从原来以优化审批环节为重点，进一步扩展为以企业登记设立为重点的商事登记制度改革、准入后许可证审批环节的全链改革。(3) 从"以批代管"到"放管结合"，形成政府事中事后监管体制。(4) 发挥"双自联动"优势，深化科技创新体制改革，助推科创中心建设。(5) 围绕"五个中心"功能深化，创新政府监管和服务模式，着重完善自贸试验区金融监管和风险防范机制、深入推进国际贸易"单一窗口"建设、开设国际中转集拼监管模式创新。(6) 引入新的技术、理念和方式，推动形成"技术、模式、制度"的政府管理和运行模式。(7) 不断优化政府机构设置，推进机构改革。既是以自贸试验区为动力，倒逼浦东新区一级政府管理体制创新，也是通过机构设置改革为自贸试验区制度创新提供整体、稳定的环境。(8) 探索形成政府、市场、社会多元参与、各尽其责、相互支撑的共治格局。积极推动社会力量参与市场监督、实施业界自治管理模式创新、充分发挥市场自律的重要作用。(9) 理顺自贸试验区管委会与区级机关、开发公司、街镇的关系，探索以"大管委会"为特征的开发区管理体制。

## 第二节　国际高水平跨境服务贸易监管体系分析

随着全球服务型经济格局的形成，寻求与培育比较优势，增强服务贸易的国家竞争力日益成为各国关注的焦点。由于不同国家和地区的资源禀赋和历史背景不同，其服务贸易发展政策和模式也各式各样。[2] 美国、日本、

---

[1]《上海自贸试验区"一级政府管理体制"改革创新研究》，载上海市人民政府发展研究中心 http://www.fzzx.sh.gov.cn/LT/KDUCO8661.html，2017 年 3 月 16 日。

[2] 舒燕、林龙新：《服务贸易促进政策的比较研究及对我国的启示》，《生产力研究》2011 年第 9 期。

韩国和新加坡这四个国家和中国香港的服务贸易起步早、发展快，在国际服务贸易份额中占比较高，已各自形成了一套法规比较完备、运行比较高效的服务贸易管理体制。

## 一、美国高水平跨境服务贸易监管体系分析

### （一）美国服务贸易的现状

**1. 服务贸易长期保持顺差，进出口额呈逐年上升趋势**

作为全球服务贸易超级大国，美国服务贸易进出口额自 1981 年以来长期位居全球领先地位。2012—2017 年美国服务贸易总体发展情况如表 3-1 所示，美国服务贸易进出口发展迅速，服务贸易总额从 2012 年的 11084 亿美元增加到 2017 年的 13190 亿美元，年均增长率为 3.17%。服务贸易出口额从 2012 年的 6564 亿美元增长到 2017 年的 7809 亿美元，年均增长率为 3.16%。服务贸易顺差从 2012 年 2044 亿美元增长到 2017 年的 2428 亿美元，年均增长率为 3.13%。除去 2015 年服务进口额有所下降外，其他年份美国服务贸易进出口都在显著增长，服务贸易顺差在 2015 年以后出现下降。尽管如此，在收支结构上，美国服务贸易长期保持顺差，一定程度上弥补了其货物贸易的逆差，进而改善了美国的国际收支状况。2017 年美国在全球服务市场中仍是全球最具竞争力的经济体，各项数据均位居全球第一位。其中，视听服务在全球迅速增长，尽管中国实施的电影审查和国外电影配额制度对美国视听服务进入中国市场进行了限制，但美国影片人对中国市场仍愈发感兴趣；在新兴市场中，计算机服务通过手机变得更加普及，商品制造商在生产流程中将越来越多地应用计算机可支持的服务；美国电信运营商正在投资网络基础设施，将越来越多的设备连接到互联网，并向内容与广告市场进军。

表3-1 2012—2017年美国服务贸易总体发展情况 单位：亿美元

| 年 份 | 2012 | 2013 | 2014 | 2015 | 2016 | 2017 |
|---|---|---|---|---|---|---|
| 贸易总额 | 11084 | 11516 | 11880 | 11977 | 12167 | 13190 |
| 出口额 | 6564 | 6879 | 7106 | 7306 | 7336 | 7809 |
| 进口额 | 4520 | 4637 | 4774 | 4671 | 4831 | 5381 |
| 贸易差额 | 2044 | 2242 | 2332 | 2635 | 2505 | 2428 |

资料来源：美国经济分析局。

### 2. 服务贸易结构优化，知识与技术密集型服务贸易优势凸显

美国的旅游、运输等传统服务进出口占其总出口份额较低，而教育、金融、保险、航空运输业、电信等知识与技术密集型产业优势明显，已成为美国服务贸易的主力军。

### 3. 服务贸易合作伙伴扩展至新兴市场国家

众所周知，美国服务贸易的合作伙伴多集中于欧洲等发达国家和地区。2016 年，美国对欧盟的服务贸易出口额几乎占到同年其出口总额的三分之一。同时，近几年来美国加强与中国、巴西、印度、南非等新兴市场国家和地区的服务贸易往来，服务贸易规模不断扩大，特别是同中国的合作不断加强。

### （二）美国服务贸易的竞争优势

### 1. 丰富的人力资本

美国拥有明显的人力资本优势，这跟其高度重视国民教育，特别是重视高等教育采取吸引全球青年学子留学是分不开的。美国历来重视投资人力资源，2016 年教育投资占其 GDP 将近 7%，高等教育投资占全球的 40%。丰富的人力资本形成与积累给美国服务业的技术变革和贸易扩张奠定了坚实的基础，也为美国服务业产品的高附加值提供了至关重要的保障。[1]

---

[1] 金满涛：《美国服务贸易发展经验对我国的启示》，《银行家》2018 年第 11 期。

### 2. 先进的科学技术

先进的科学技术不仅使原本依附于美国制造业的服务环节可以转变为独立的诸如保险、咨询、信息等生产性服务业，还能够消除时空界限以扩展美国服务贸易的项目和外延。在科技发展和创新力量的推动下，美国服务贸易的方式和内容发生了重要变革，尤其是促进了向知识与技术密集型服务贸易的转变。

### 3. 广泛的政府扶持

美国政府在扶持和促进美国服务贸易方面作出了很多努力，采取了有效的措施，具体表现在较多的科研投入、自由竞争环境的创造、长远的服务出口促进政策、服务进口的规制等方面。与此同时，美国政府从给予补贴和协调贸易融资两个方面对服务出口促进经费进行专门预算。

### （三）美国服务贸易的促进政策与措施

对于美国服务贸易的促进政策与措施，美国主要从国家战略、经济外交、内部环境、法律保障等方面出发，形成了比较全面的服务贸易促进机制。[1]

### 1. 国家战略上：推行"服务先行"出口策略

20 世纪 90 年代，美国就将发展出口贸易上升为国家战略，历年《国家出口战略》报告均具体说明了其服务贸易出口的政策，同时对美国服务贸易发展实施与推行"服务先行"策略，主要表现在突出重点扶持领域、给予充分资金支持和完善统计决策体系等方面。其中，在重点行业、产业扶持方面，侧重于信息技术、金融和保险服务、交通服务、旅游出口等，还针对重大服务出口项目，建立了"大项目出口对策支持网络"和"大项目出口对策支持中心"；在资金支持方面，从服务贸易补贴上分别对进口服务征收反补贴税和对出口服务给予高额度补贴，从服务贸易融资上，注重统一协调相关机构对服务出口项目提供相关保障，争取"跨国开

---

[1] 全满涛：《美国服务贸易发展经验对我国的启示》，《银行家》2018 年第 11 期。

发银行"的融资支持；在服务贸易统计决策体系完善方面，出台了《国际投资与服务贸易调查法》，不断优化服务贸易统计数据的采集与分析方法。

**2. 经济外交上：加强贸易谈判，拓宽国外市场**

在服务贸易的双边关系、多边关系和区域关系方面，美国政府致力于国际贸易谈判，积极拓宽本国服务业对其他国家的出口渠道。其中，在多边关系方面，美国大力推动全球服务贸易谈判，长达 8 年谈判才使得《服务贸易总协定》（GATS）正式签署生效；在区域关系方面，美国高度重视与加拿大、墨西哥等毗邻国家的自由贸易谈判，先后签订了《美加自由贸易协定》和《北美自由贸易协定》，极大助力了美国服务业的区域竞争力；在双边关系方面，美国不仅重视与欧盟等发达国家和地区的服务贸易合作，还致力于探索与中国、巴西、印度、南非等新兴市场国家和地区的服务贸易协作。

**3. 内部环境上：构建与完善出口服务体系**

美国不断构建与完善了横向、纵向以及综合协调服务体系来为国家服务出口战略提供保障。其中，横向服务体系主要指平行的不同管理部门和市场机构之间的协调和服务，从而能够给美国国内服务企业提供贸易信息和决策咨询等；纵向服务体系主要指从联邦层面贯穿到州层面的服务机制，包括设立出口扶助中心、各驻外使领馆的商务处和贸易促进代表处等措施；综合协调体系主要涉及联邦贸易促进协调委员会、行业顾问委员会以及非官方的服务业行业协会等。

**4. 法律保障上：建立良好的法制环境**

在服务贸易管理方面，美国不仅先后制定了若干贸易相关的综合性贸易法案，还出台了诸如《国际银行法》《航运法》《金融服务公平交易法》和《电信法》等相应地行业性法律法规，在制度层面上构建了良好的服务贸易发展法律保障体系。

### （四）美国服务贸易的管理体系

美国成为世界头号服务贸易强国，不仅是丰富的人力资本、先进的科学技术，以及广泛的政府扶持所发挥了积极的作用，也是良好的服务贸易管理体系的结果。美国服务贸易的管理体系主要体现在美国商务部是服务贸易政府管理的核心部门、将市场准入谈判作为开拓国际市场的重要手段、中介组织在服务贸易管理中发挥重要作用以及政府部门与企业和民间组织之间形成了有效的协调机制等。[1]

**1. 美国商务部是服务贸易政府管理的核心部门**

表面上看，美国服务贸易管理涉及商务部、美国贸易代表办公室、国务院、财政部、海关总署等众多相关政府部门，实际上只有美国商务部才是服务贸易的核心管理部门。从具体工作来说，商务部经济分析局负责统计工作、商务部国际贸易发展司负责行政管理工作、商务部国际贸易局对外商务服务司负责促进工作等。

**2. 将市场准入谈判作为开拓国际市场的重要手段**

美国政府一直致力于推进多边、区域及双边服务贸易协定的签署，以探索本国服务贸易发展的市场空间以及便利的准入条件。美国贸易代表办公室是美国总统行政办公室之一，在服务贸易对外谈判中是统一的管理机构，负责有关多边、区域和双边服务贸易谈判方面的具体谈判。其中，美国贸易代表办公室下设服务贸易处，负责除金融以外的服务贸易领域的多双边谈判，协调各国及美国服务业各部门的谈判利益。美国贸易代表办公室通过常设机构"贸易政策工作级委员会"协调各部门谈判立场，平衡政府部门和监管部门之间的关系，反映企业界的需求。该委员会由美国贸易代表办公室、商务部、财政部、劳工部等 17 个行政部门组成。其中，在金融服务政策方面美

---

[1]《美国服务贸易管理体系的特点》，载浙江服务贸易微信公众号 https://mp.weixin.qq.com/s/O99ZmnSY0KguVF7VCu1F8w，2015 年 12 月 9 日。

国财政部提供主要意见，在总体贸易政策方面商务部提供意见。

### 3. 中介组织在服务贸易管理中发挥重要作用

美国服务贸易中介机构主要由三部分组成，其一包括诸如美国服务业联盟等具有行业协会性质的机构，其二包括诸如美国产业贸易咨询中心等半官方组织，其三包括诸如加州公共政策研究院等地方非官方研究机构。这些中介组织既向相关政府部门提供服务贸易政策的相关政策建议，也向服务业企业提供信息与咨询。

### 4. 政府部门与企业和民间组织之间形成了有效的协调机制

美国商务部会同美国贸易代表办公室、财政部、运输部、进出口银行、小企业局、国际开发署以及美国贸易与开发署等机构会向美国服务企业尤其是中小企业提供全方位的服务以更大程度地促进和扩大服务出口。同时，民间组织则主要在贸易促进和信息咨询等方面扮演着重要的角色。此外，美国各州可以通过设立服务贸易促进机构、半官方机构等不同方式自行制定不同服务行业的市场准入法规。

## 二、日本高水平跨境服务贸易监管体系分析

### （一）日本服务贸易的现状

### 1. 服务贸易出口增长快于进口，逆差规模呈缩减之势

自2001年起，日本服务贸易出口和进口均呈现波浪式上升趋势，其进口增速远远大于出口增速。2012—2017年的服务贸易出口额从1424.1亿美元增加到了1847.71亿美元，年平均增长率为4.96%，但世界排名由2012年的第5位下降到了2018年的第8位；服务贸易进口额由2012年的1747.6亿美元提高至1908.89亿美元，年平均增长率为1.54%，但世界排名也由2012年的第3位下降到了2017年的第8位。出口的增势明显强于进口，贸易逆差规模总体呈缩减之势，从总量上看，2017年日本服务贸易总额为3756.6亿美元，排名全球第8位。

### 2. 日本服务贸易结构分析

日本服务贸易结构也可分 1986 年以前、1986—1990 年、1991 年至今这三个阶段。[1] 其中在 1986 年以前虽然日本经济发展非常迅速，但并不注意到其贸易结构，生产性服务贸易占比基本稳定在 30%；1986—1990 年由于日本的经济发展模式发生了变化，日本服务贸易结构也相应地进入调整期，生产性服务贸易占比已经逐步达到 50%；1991 年之后，日本经济发展缓慢，服务贸易结构也逐步稳定，生产性服务贸易成为日本服务贸易的主体。

### （二）日本服务贸易的发展策略

### 1. 日本服务业发展促进了服务贸易的增长

2001 年日本实施"电子日本"战略以来，信息服务业和现代物流业得到了迅速发展，在日本 GDP 中占据着较高的份额。基于此，日本的通讯服务、金融服务、计算机服务和其他商业服务等行业的服务贸易，在信息服务业和现代物流业的带动下也得到了较快增长。

### 2. 渐进式开放提升了国际竞争力

日本对服务业的开放是渐进式的，对日本竞争力较强的服务业先开放，对日本竞争力较弱的服务业实施保护，逐步对金融与保险业开放。在引进与借鉴其他国家和地区先进知识与技术时重视提升日本金融与保险业的竞争力，扩大金融与保险业服务的出口。

### 3. 基础投入的重视促进产业的高附加值化

日本始终致力于基础科学技术的研发投入，所以日本的科学技术研发条件在全球名列前茅。也正是如此，日本的服务贸易能够在困境中逐步回升。日本基础投入的重视提升了产业的国际竞争力，进而助力服务产业的附加值化。

---

[1] 曹标：《中日韩服务贸易结构比较研究》，《亚太经济》2012 年第 4 期。

### 4. 构建吸引和培养优秀人才的机制

日本针对服务业以及服务贸易方面的人才采取诸如高薪聘用、培训、出国访学等措施提升其素质与能力以及吸引其投身于服务贸易领域。

### 5. 政策上大力扶持高附加值的新型服务领域

日本在扶持高附加值的新型服务行业给予了政策上种种优惠，大力发展其优势产业，进而发挥其产业联动效应。其中以日本金融业为例，日本金融业就是在政府的种种优惠与扶持政策下发展起来的，在开放国外金融机构市场的同时结构性调整日本不具优势的金融业，从而提升日本金融业的国际竞争力。[1]

### （三）日本服务贸易的国家政策

#### 1. 政策变迁路径

关于服务贸易的国家政策，日本主要经历了政府管制、放松限制、适度开放这三个阶段。[2]其中，在政府管制阶段，1955 年日本加入关税及贸易总协定，日本构建了政府主导型的服务贸易政策体系以应对服务贸易自由化的冲击。例如，《外汇及外贸管理法》对诸如外汇的管制与支付等金融服务作了规定。在放松限制阶段，20 世纪 70—80 年代日本推行"贸易和投资自由化"政策，主要调整和修改了已有的服务贸易政策以适应日本货物贸易发展的需要。遭受两次"石油危机"后，日本开始正式提出政府的一项重要任务是放松规制。直到"泡沫经济"崩溃后，日本才开始对服务业出口结构进行优化和调整服务贸易政策。在适度开放阶段，20 世纪末日本政府制定了包括电信行业、证券市场自由化、金融市场稳定等方面的措施，以减少日本服务业规制壁垒。

#### 2. 日本负面清单注意为政府扩大审查范围保留空间

负面清单的内容按照部门划分为服务业、制造业、农林渔业、矿业和所

---

[1] 缪先锋：《中日服务贸易发展比较及对我国的启示》，《商业研究》2010 年第 10 期。

[2] 张楠、崔日明：《中日服务贸易发展路径比较研究》，《国际经贸探索》2009 年第 11 期。

有部门。按限制制度不同，负面清单又可分为履行行政程序、禁止准入、股权限制、有条件许可和其他五类，且对外资的限制以要求履行行政程序为主。同时，针对航天工业、武器及爆炸物制造、渔业、能源产业、广播业、公共执法六项产业，日本对其可加入负面清单采取保留措施。虽然日本对外资推行投资自由化政策，但在具体实践中外国投资者进入个别行业则困难重重。此外，《反垄断法》中的合营规定、股份持有限制，以及公司持股规定等也对外国企业的对日直接投资产生限制。因此，日本一些领域的对外开放落后于 FTA 谈判进度，故日本通常采取灵活的方式来处理，如加强政府采购、竞争政策等方面的合作，提供巨额援助等。[1]

### (四) 日本服务贸易的管理体系

日本服务贸易管理相关的政府机构和组织，主要包括国会、内阁、外务省、经济产业省、国土交通省、财务省、日本银行、日本进出口银行、日本贸易振兴机构等。其中，日本国会是服务贸易法律、法规的立法机构。日本"内阁会议"是制定政策与协调各省厅之间关系的最高官僚机构，其议长一般由内阁总理大臣担任，其成员由财务省、外务省、经济产业省等重点省大臣、日本银行及进出口银行总裁等组成。与服务贸易相关的内阁会议包括"经济财务咨询会议"和"知识产权战略会议"等。作为日本政府的对外联络窗口，日本外务省主要负责对外签署与服务贸易相关的多边条约和协定，同时也会给其他相关的省厅提出关于服务贸易的政策、法律、法规的建议。经济产业省主要负责日本服务产业和服务贸易政策的制定、实施及执行。日本银行主要负责日本国际金融服务贸易相关政策制定和实施。由此可知，日本服务贸易的管理体系是分工协调型。[2]

---

[1] 郝红梅：《负面清单管理模式的国际经验比较与发展趋势》，《对外经贸实务》2016 年第 2 期。

[2] 倪月菊：《世界主要国家和地区的服务贸易管理体制比较》，《国际贸易》2007 年第 2 期。

### 三、韩国高水平跨境服务贸易监管体系分析

#### (一) 韩国服务贸易的现状

早在 20 世纪 80 年代，韩国就开始大力发展服务业及服务贸易。因此，韩国的服务业在国民经济中发挥着不可替代的作用。一方面，韩国服务业就业相关的人员数量不断增加，且有推测显示将来韩国就业机会的增加还将大多聚集于服务业。另一方面，尽管韩国服务贸易发展基数水平较低，但其发展态势较强，已成为决定韩国经济发展的关键因素。[1]近年来，韩国服务贸易整体上呈现快速增长趋势。2017 年，韩国的服务贸易进出口总额达 2094.66 亿美元。其中，服务出口额为 874.97 亿美元，占全球服务出口总额的 1.65%，居全球第 16 位；服务进口额为 1219.69 亿美元，占世界服务进口额的 2.35%，居全球第 10 位。

从服务贸易出口产业结构来看，韩国主要的出口产业包括运输、旅游和其他商业服务等。除此之外，韩国电信、金融业的国际竞争力也较强。韩国服务贸易的进口产业结构同出口大致相似，即运输、旅游和其他商业服务业也是韩国三大进口产业。同时，在通讯、计算机和信息、个人文化和休闲娱乐、政府服务等产业进口发展较为稳定，金融服务进口占比增长较快。

#### (二) 韩国服务贸易的发展策略

#### 1. 注重教育，培养服务贸易人才

韩国制定了"服务业人才培养体制完善计划"，具体工作安排为针对不同服务业制定不同的人才培养计划，并建立了专门的服务贸易专业领域的专科学校。

---

[1] 李宁：《中韩服务贸易合作优势与制约因素及其对策》,《经济研究导刊》2018 年第 29 期。

### 2. 引入竞争机制，改善投资环境

早在 20 世纪 90 年代，韩国就已对电力、交通、电信等行业放开政府管制，引入私人参与竞争。此外，韩国制定了一系列鼓励外资进入和放宽投资的政策与措施，使得韩国投资环境得到了很大的提升。

### 3. 优势和劣势产业两手抓

韩国在政策与资金上对游戏、手机服务、海洋休闲、流通、时装、市场调查业等服务业中的九大优势产业发展采取大力支持，并积极采取措施以提升旅游、服务外包、教育、医疗服务等劣势产业的国际竞争力。

### 4. 有序开放服务贸易市场，加大市场监管力度

关于服务业开放问题，韩国积极开放优势产业，而政府却参与一些敏感性较强的产业。尤其需要指出的是，20 世纪 90 年代韩国金融业的过度开放引发了一些问题，随后政府对金融开放实施集中统一监管。

### （三）韩国服务贸易的促进政策

韩国服务产业竞争力的相关措施及促进政策大致可分为改善服务贸易环境、发展优势服务贸易产业和提升逆差服务行业竞争力三大方面。[1]

### 1. 改善服务贸易环境

（1）减小制造业和服务业的待遇差距，包括土地保有税、中小企业认定范围、用地的开发负担金、电费标准等。（2）修改相关不合理规定。优化知识密集型服务有关制度，加强物流、流通及个人服务业体系建设，降低最低注册资本金额限制等。（3）加大金融支持和税收优惠以扩大税收减免范围。（4）完善服务贸易人力资源培养体系，拟定"平生职业技能开发五年计划"，加强"产学服务专门人才联合教育"，以及制定"服务业人才培养体制完善计划"等。（5）营造良好的服务贸易外部环境，包括统筹规划 WTO、自由贸易区等多双边谈判，以及在服务业发展现状和实力基础上分析与比较不同产业优势等。

---

[1] 陈国荣：《韩国的服务贸易及其促进政策》，《统计科学与实践》2009 年第 5 期。

## 2. 发展优势服务贸易产业

韩国在政策与资金上大力促进游戏、手机服务、流通、贵金属与宝石、时装、排水、数码广播、市场调查、海洋休闲及体育产业九大优势产业发展。（1）在游戏产业，从社会基础设施、人才培养、技术开发等方面加大支持。（2）在手机服务业，主要致力于手机网络、移动多媒体广播等新兴手机服务方案的拟定、手机核心零部件的研发以及完善手机内容流通及传播等相关法律制度。（3）在流通业，大力支援海外企业，加强企业与大韩贸易投资振兴公社、中小企业振兴公团、投资对象国商会组织等合作与沟通。（4）在贵金属、宝石业，减轻税负，在贸易质量和透明度方面下功夫。（5）在时装产业，挖掘和培养时间设计新人和专家、拉大中小品牌的对外出口、创立时装设计振兴中心。（6）在排水服务业，优化排水设施，制定排水产业支援政策等。（7）在数码广播业，成立由广播公司、生产企业、广播委员会、政府等组织构成的"数码广播委员会"。（8）在市场调查等服务外包业，增强企业对服务外包的意识，拉大服务外包的需求。（9）在海洋休闲及体育产业，改善帆船、快艇、滑水等海洋设施，举行海上休闲娱乐活动，开发适合海上体育活动的场所。

## 3. 增强逆差服务产业竞争力

（1）提升观光产业竞争力措施，包括调整与完善观光产业投资政策、扩大海外旅游市场占有率、搞活韩国内旅游市场等。（2）增强教育领域竞争力措施，包括改革英语教育、扩大教育出口、放宽外国教育机构设立与运营的相关限制、放宽外国人担任英语等辅导教师资格认证等。（3）完善医疗服务便利化制度，包括面向海外患者提供方便入境，健全医疗法规，推行专科医院制，改善经济自由区内外国医疗机构措施，深化与其他国家医疗机构间合作，引进国际医疗评价认证制度。（4）助力服务外包发展方案，包括从战略层面培育服务外包、构建服务外包产业基础、促进外包产业活跃开展、支持外包企业发展等。

## 四、新加坡高水平跨境服务贸易监管体系分析

### (一) 新加坡服务贸易的现状

新加坡地处马六甲海峡，是亚太地区的交通要道。由于地理环境狭小，人口密集度高。因此，政府大力发展服务业，推出了一系列促进服务贸易发展的措施，使新加坡成为亚洲经济水平发展最快的国家之一。新加坡国际服务贸易 2017 年报告显示，2017 年，新加坡的整体服务贸易额达到 4846.5 亿美元，同比增长 12.2%，与 2016 年（服务贸易总额下降 0.2%）相比实现逆转。其中，服务进口额为 2477.6 亿美元，同比增长 13.8%；服务出口额为 2368.9 亿美元，同比增长 10.5%。服务贸易逆差从 2016 年的 34 亿美元扩大至 2017 年 109 亿美元。

2017 年，交通运输、旅行和商业管理服务这三大主要服务类别分别占服务出口的 50.2% 和服务进口的 51.5%。从服务出口同比增长率来看，广告和市场研究服务出口强劲增长，增幅为 34.3%；运输服务和金融服务的出口也出现高增长，分别增长 16.7% 和 14.3%；相比之下，建筑服务、工程技术服务和个人、文化娱乐服务的出口分别下降 22.4%、20.2% 和 15.3%。在服务进口增长方面，会计服务增长近一倍，增至 8 亿美元；而研究及发展服务增长了 62.0%，达到 249 亿美元。同时，建筑服务进口下降 48.8%，其次是保险服务和政府产品及服务，分别下降 8.8% 和 5.5%。

2017 年，欧盟、美国和东盟继续保持新加坡前三大贸易伙伴的地位，分别占服务出口和进口的 42.3% 和 47.5%。按区域划分，亚洲、欧洲和北美分别占 2017 年新加坡服务出口和进口的 78.9% 和 77.9%。亚洲是最大的服务出口目的地，占 2017 年总出口额的 40.5%。紧随其后的是欧洲和北美，分别占 2017 年服务出口额的 25.2% 和 13.2%。亚洲也是新加坡最大的服务进口来源地，占服务进口总额的 30.0%，而欧洲和北美分别占服务进口总额的 25.4% 和 22.5%。2017 年，欧盟仍是新加坡最大的服务出口目

的地，同比增长 6.7%，达到 396 亿美元。在其他主要市场中，2017 年对中国的服务出口增长最高，达 54.0%，其次是日本，2017 年增长 22.2%。对美国和东盟的服务出口也有所增长，分别增长 3.6% 和 2.1%。2017 年美国仍是新加坡最大的服务进口来源地，同比增长 11.1%，达到 445 亿美元。在其他主要市场中，2017 年对中国的服务进口增长了 24.9，对欧盟、日本和东盟的服务进口分别增长 10.2%、8.1% 和 7.9%。

**（二）新加坡服务贸易的发展模式**

跨境提供和境外消费是新加坡服务贸易的主要模式，这能够解决新加坡本身的国土狭小、地缘政治复杂而力量较弱、自身资源不足等问题。更为重要的一点是，新加坡服务贸易采用以营运总部促跨国采购中心模式。[1]

20 世纪 90 年代开始，新加坡对外贸易实施转型升级，将国际化作为重点，并依托自身地理区位优势和金融服务业的蓬勃发展，从劳动密集型的制造业基地转型升级为国际营运总部和跨国采购中心，致力于引进跨国公司总部。首先，政府大力支持引进国际营运总部，同时在税收优惠、强化公共基础设施与信息服务平台建设等方面给出方案。其次，新加坡在开展服务贸易的同时十分重视本地服务业的发展，特别是金融业，旨在将新加坡的金融业推广到全球，进而使新加坡确立成为资金管理和银行中心等区域金融中心和离岸金融中心，这对发展跨国采购中心发挥的作用不可小觑。第三，新加坡有针对性的吸引欧盟、日本、美国等主要贸易伙伴在新加坡设立国际运营总部，并且将跨国采购对象定位于面向商贸服务的诸如日本、韩国以及东南亚等地区的最大市场。这种将营运中心与跨国采购相结合的服务贸易模式在很大程度上助力了新加坡在贸易相关的服务出口，并促使新加坡成为亚太地区国际贸易、金融、采购中心。

---

[1] 张欣玥、陈志洪：《香港、新加坡服务贸易发展模式及对上海发展启示》，《上海管理科学》2006 年第 3 期。

### （三）新加坡自贸试验区开放性制度建设

新加坡是新兴经济体的代表，自独立以来一直采用外向型经济发展策略，已成为自贸试验区成功的标杆，其主要体现在市场准入、国发待遇、监管制度、财政预算制度、法律保障以及管理模式等方面。[1]

#### 1. 市场准入

新加坡实施外向型经济发展战略以来，不断调整出口相关措施，先后经历了发展出口工业、资本密集型工业、贸易自由化等阶段，不断提升出口竞争力，不断降低配额、所得税、关税等方面的限制，直到完全取消配额，进口货物仅对酒类征税，零关税率达到99.9%。新加坡的企业所得税、个人所得税和进口产品增值税等税率均低于上海同类税税率。

#### 2. 国民待遇

切实落实国民待遇，一视同仁。因此，新加坡自贸试验区服务业和制造业同等享受新兴产业的各种优惠待遇，特别是针对服务贸易出口所征收的所得税。

#### 3. 监管制度

就规制主体的监管而言，新加坡自贸试验区是全球监管制度最完善的国家之一。新加坡监管模式就是运用现代信息技术，构建了"一站式"电子通关系统，形成面向企业服务的单一窗口，24小时运行。该系统连接海关、检疫、检验、税务和安全等涉及的35个部门，自动接收、处理、批准和返还企业申报的电子数据，将检验检疫监管工作推至产品生产过程的关键环节，同时向生产环节管理的行政机构提出申请，通过批示后企业能在10分钟内获得是否准许的通知。就规制客体的监管而言，以金融业为例，新加坡金管局对新加坡自贸试验区实施银行监管，并实行放松流动性管制，允许银行自我申报式流动性管理，专注银行公司治理及信息披露，注重风险性监

---

[1] 周迎洁、刘小军、过晓颖：《中国自贸试验区服务业开放制度创新研究——基于迪拜、新加坡经验的启示》，《当代经济》2016年第1期。

管等。

### 4. 财政支持制度

新加坡采用跨年度财政预算制度，将行政开支与公共开支分开，还有专门财政储备制度和财政信息公开制度，保证其"高效、透明、规范、可持续"。

### 5. 法律保障

新加坡在《自贸试验区法案》全面规定了自贸试验区的定位、功能、管理体制、运作模式、优惠政策等。同时，新加坡政府不断制定新的诸如《证券与期货法》《存款法》等金融法律，以保障自贸试验区稳定健康运行。

### 6. 管理模式

新加坡自贸试验区管理模式为公司型管理模式，就是政府通过投资公司来管理自贸试验区。在这种模式下，公司允许吸纳私营资金，但需向国家缴纳土地租赁费用。同时，这种模式有效分离了政府行政行为与商业经营行为。

## 五、中国香港高水平跨境服务贸易监管体系分析

### （一）中国香港服务贸易的现状

中国香港是亚洲的商业枢纽之一，服务业发展成熟，全球大量生产原材料、产品、科技、资讯及资金均经中国香港流入各地。中国香港是全世界服务业主导程度最高的经济体，得益于全球经济同步增长，2017 年服务出口价值恢复稳定增长。最新统计数据显示，2017 年中国香港服务出口总额为8129 亿美元，比上年增长 6.3%；服务进口总额 6055 亿美元，增长 4.7%。2017 年服务贸易顺差 2074 亿美元，占服务进口总额的 34.3%。这超过了2016 年 1867 亿美元的顺差，相当于 2016 年服务进口总额的 32.3%。

按服务组成部分分析，首先旅游是服务出口的最大组成部分，占 2017年服务出口总额的 32.0%。其次是交通（29.2%）、金融服务（19.5%）和

其他商业服务（13.7%）。在服务进口方面，首先旅游占 2017 年服务进口总额的 32.7%，其次是运输（22.5%）、其他商业服务（15.2%）和制造业服务（15.1%）。其中，金融服务净出口对服务贸易顺差贡献最大，2017 年达到 1164 亿美元。紧随其后的是交通（1012 亿美元）和旅游（620 亿美元）。另一方面，中国香港出口加工制造业服务大量增加，2017 年达 913 亿元，紧随其后的是知识产权使用费（94 亿美元）。

按主要目的／来源分析，中国内地和美国是中国香港服务出口的前两大主要目的地，分别占 2017 年服务出口总额的 39.9% 和 14.3%。紧随其后的是英国（8.2%）、日本（4.3%）和新加坡（4.2%）。中国内地和美国也是服务进口的前两大主要来源国，分别占 2017 年服务进口总额的 38.2% 和 11.1%。紧随其后的是日本（8.4%）、英国（5.8%）和新加坡（4.3%）。

按地区分析，首先亚洲是中国香港最重要的服务出口目的地，占中国香港服务出口总额的 60.9%，其次是西欧（18.1%）及北美洲（15.4%）。在服务进口方面，亚洲也是最重要的来源地，占 2017 年服务进口总额的 64.9%，随后是西欧（14.1%）和北美（13.1%）。

（二）中国香港的服务贸易模式

中国香港的服务贸易模式为典型港口城市贸易模式，其核心思路是以离岸贸易发展增值商贸服务。[1] 换句话说，中国香港的商贸服务是伴随着其离岸贸易发展而发展的。中国香港商贸服务活动包括授权业务、会展、进出口贸易、货运代理、速递、仲裁及调解等。[2] 同时，中国香港商贸服务及其他与贸易相关的服务在其服务贸易出口份额占比较高。2017 年，中国香港的商贸服务及贸易相关服务输出达 380 亿美元，占服务输出总额 27.8%。

---

[1] 易朝军：《自贸试验区服务贸易发展模式的国际案例——以香港和新加坡为例》，《经贸实践》2017 年第 3 期。

[2] 张欣玥、陈志洪：《香港、新加坡服务贸易发展模式及对上海发展启示》，《上海管理科学》2006 年第 3 期。

在这种模式下，中国香港通过离岸买卖货品实现对外输出服务，从而有效整合了各类商贸服务活动，使得提供商增值服务的贸易公司得以不断壮大。与此同时，这些贸易商还能够享受一系列政策优惠与法律支持等，已成为中国香港服务贸易的主要力量。

依托中国香港优越的地理区位、完善的公共基础设施、完备的服务业与低税率自由贸易政策和健全的法律法规等，中国香港的服务贸易公司可以提供上述一系列商贸服务活动。这种以离岸贸易发展增值商贸服务的服务贸易模式，使中国香港被确立成为更具国际竞争力的国际采购中心。在中国内地的对外贸易中，有很大部分经中国香港处理。2017 年，内地约有 13% 的出口货物（总值 2850 亿美元）及 15% 的进口货物（2680 亿美元）通过香港处理，而香港约有 58% 的转口货物来自内地。

根据《内地与香港关于建立更紧密经贸关系的安排》（CEPA），中国香港服务提供者可以在中国内地设立独资企业，提供佣金代理和批发服务，以及设立独资对外贸易公司。由 2004 至 2013 年，香港与内地每年签署 CEPA 补充协议以求持续加码市场开放，进一步有利于香港服务提供者。2014 年，双方在 CEPA 框架下签署《关于内地在广东与香港基本实现服务贸易自由化的协议》（《广东协议》），率先尝试中国香港基本实现服务贸易自由化在广东的落地。其后，双方再签署《服务贸易协议》，自 2016 年 6 月起，把 2014 年《广东协议》服务贸易自由化地域范围扩展至内地全境。

此外，中国香港核心竞争力之一体现在知识型服务业上。顾名思义，知识型服务业就是提供以生产型或消费型知识为基础的中间产品和服务的产业。事实上，中国香港已经明确提出大力发展知识型服务业，且以其为主要内容构建知识型城市。中国香港的主要功能也已转为知识引进与传播，而此功能正好可通过知识型服务业实现。

### （三）中国香港自由港的运作体系

与上海自贸试验区相比，中国香港自由港则没有明确的区域划分，中国香港政府因似乎致力于让城市的每一部分成为自由贸易港的组成部分。因此，香港城市整体就是一个自由贸易区或自由港。[1]

中国香港自由港的管理模式，是以政府服务为主，行政干预为辅，依靠市场调节和行业自我管理。除极少数本地法律明确限制的领域及行为外，中国香港的经济活动基本不受干预。即使是政府直接干预的领域，主要集中为有关民生与经济安全的领域，也是以尽可能不干预为基本前提。具体表现为对进出口商品的种类、价格基本不设管制，进出口手续极为简单，只需要于14天内向中国香港海关递交报关表即可；政府基本不干涉企业经营活动，只对金融、公共运输、公用设施、电讯等行业进行监督，绝大部分行业实现了自我管理；宽松的外汇制度，外汇可以自由出入中国香港自由兑换；开放的人员出入境政策，170个国家和地区的居民到港旅游享受免签待遇等。

在税制方面，中国香港拥有最简单的税收制度，并以低税率著称于世。中国香港税制由《税务条例》《印花税条例》《差饷条例》《博彩税条例》《应课税品条例》《飞机乘客离境税条例》《酒店房租税条例》《遗产税条例》8个法律和若干立法局决议（令）、法院税务案件判例等构成。更为重要的是，除酒类、烟草、碳氢油类及甲醇之外，中国香港对于一般进口或出口货物实施零关税。同时，中国香港没有繁苛的发票管制制度，大部分人可以网上缴税。因此，中国香港税制十分简洁，方便纳税人。而且中国香港税制还具有税种少、税率低的特点，不设增值税和营业税，境外收入无需纳税。中国香港主要征收利得税、薪俸税和物业税这三种直接税，且这三种税的税率相比其他国家和地区都是相当低的。

在投资环境和政策方面，中国香港一向以公平、公开、公正的竞争环境和良好的法律权威性闻名。中国香港国民待遇原则真正落实，对外来投资基本不设限制，行业准入的开放度较高。除了赌博业、电讯、广播等少数行业

---

[1] 黄圆圆：《上海自贸试验区与香港自由港组成与运作比较》，《长江大学学报》2015年第4期。

有条件进入，几乎所有行业外来投资者都可以投资，且没有控股比例限制，可以独资经营，控股比例可达100%，也没有直接针对外来投资者的其他特别限制性措施。同时也没有针对港内企业的优待措施，港内企业不享受财政补贴，与港外企业一视同仁。中国香港的投资环境相对公平，外来投资者可无差别地享受国民待遇。在市场准入方面，中国香港在政府服务上能做到企业注册效率高、注册条件宽松、对投资企业监管规范。

涉外争端解决机制包括仲裁和诉讼两方面：（1）仲裁。中国香港仲裁业汇聚大批经验丰富的专业人士，并有成熟完善的法律制度为支撑。在中国香港，越来越多的企业倾向于选择仲裁来解决纠纷而非传统意义上的诉讼程序，成为常用的争议解决方式。通过《纽约公约》《关于内地与中国香港特别行政区相互执行仲裁裁决的安排》《关于中国香港特别行政区与澳门特别行政区相互认可和执行仲裁裁决的安排》，在中国香港作出的仲裁裁决可在超过150个国家和地区得到执行。（2）诉讼。中国香港法律将涉外民事管辖权区分为对人诉讼的管辖权和对物诉讼的管辖权。其中对人诉讼，是指针对个人的诉讼，责令某人为或不为某种行为。中国香港法院可就对人诉讼行使管辖权分为三种情况：一是被告身在中国香港并且法院的起诉文件能在中国香港送达被告。二是被告自愿接受中国香港法院的管辖权。三是被告不在中国香港，法院根据《最高法院规则》的规定，将起诉文件外地送达给被告的。在对人诉讼上，与上海自贸试验区相区别，中国香港法院并非根据当事人的住所地、居所地或诉因的性质。对物诉讼分为决定物之所有权或其他权利的诉讼、海事诉讼和有关身份行为的诉讼。决定物之所有权或其他权利的诉讼、海事诉讼确定管辖权的原则与对人诉讼相同，对于有关身份行为的诉讼，中国香港法院则根据当事人的住所地或经常居住地是否在中国香港来判断管辖权问题。

# 第四章

# 上海自贸试验区跨境服务贸易《负面清单》的实施分析

## 第一节　负面清单管理模式实施办法

服务贸易对实体经济的转型发展、提效增值、动力变革有着重要的推动作用，如何促进服务贸易的高质量发展是我国面临的核心问题。在此背景下，2018 年上海发布《中国（上海）自由贸易试验区跨境服务贸易负面清单管理模式实施办法》（以下简称《实施办法》）和《中国（上海）自由贸易试验区跨境服务贸易特别管理措施（负面清单）》（以下简称《负面清单》），上海首先探索了跨境服务贸易负面清单管理模式，这将进一步深化自贸试验区改革发展，有助于上海服务业进一步融入全球产业链。《负面清单》的出台，有助于推动服务贸易向更自由、更便利、更广泛的领域发展，有助于消除我国目前存在的服务贸易壁垒，进而可以推动我国服务业接轨国际高水平体系、参与国际规则制定、融入全球产业链分工体系，促进我国服务业在全球产业发展中的话语权建立。

### 一、对跨境服务贸易的界定

《实施办法》中将"跨境服务贸易"的概念界定为"由境外向自贸试验区内开展服务交易的商业活动"，包括"自境外向自贸试验区内提供服务，即跨境交付模式；在境外向来自自贸试验区内的消费者提供服务，即境外消费模式；境外服务提供者通过在自贸试验区内的自然人存在提供服务，即自然人流动模式"。参考原"跨太平洋伙伴关系协定"(TPP) 对"跨境服务贸易"的界定，其将"跨境服务贸易"定义为三个方面：（1）自一缔约方境内向另一缔约方境内提供服务；（2）在一缔约方境内向另一缔约方的人提供服务；或（3）一缔约方的国民在另一缔约方境内提供服务；但不包括在一缔约方境内通过涵盖投资提供服务。于是，可以认为上海自贸试验区跨境服务贸易负面清单中对跨境服务贸易的界定与 TPP 的比较吻合。可以看到自贸试验区探索跨境贸易的负面清单模式着力于跨境交付、跨境消费、自然人流动，目的是对深化改革、扩大开放进行压力测试，这将进一步推进上海自贸试验区高质量发展。

## 二、《实施办法》的内容总结

《实施办法》明确了跨境服务贸易负面清单管理中的法治化、制度化、规范化和程序化，同时构建了与负面清单管理模式相匹配的权责明确、公平公正、透明高效、法治保障的跨境服务贸易事中事后监管体系，共包含 15 条内容，除对"跨境服务贸易"给予了明确定义之外，从四个方面给予了管理模式上的明确。

一是确立了跨境服务贸易管理与开放的基本原则。《实施办法》提出自贸试验区跨境服务贸易管理措施应遵循自贸试验区设立的"大胆闯、大胆试、自主改"的要求，坚持法治理念、制度创新、放管结合，为"五个中心"、"一带一路"建设提供制度保障，同时有效联动长江经济带的发展，确保自贸试验区跨境服务贸易管理中有法有依、风险可控。

二是建立了负面清单管理模式。负面清单依据国家现行法律、法规、规章和有关规定编制，根据国民经济行业分类，统一列明跨境服务贸易领域对境外服务和服务提供者采取的，与国民待遇不一致、市场准入限制、当地存在要求、资质许可等特别管理措施。对列入负面清单的跨境服务贸易行为，由各部门按照相应法律法规规定实施管理；在负面清单以外则按照境外服务及服务提供者与境内服务及服务提供者待遇一致的原则实施管理。[1]

三是明确了相关部门管理职责分工。《实施办法》明确了服务贸易监管部门的职责配置，安排由自贸试验区推进工作领导小组统筹协调跨境服务贸易扩大开放与事中事后监管；各行业主管部门依法履行监管职责，完善本行业跨境服务贸易管理措施；自贸试验区管委会负责会同相关部门实施负面清单。

四是明确规定试点开放领域应当配套风险防范制度。《实施办法》要求上海自贸试验区积极推动跨境服务贸易对外开放，适时合理修订"负面清单"。对于进一步开放试点领域，同时要求自贸试验区管委会会同相关管理部门探索建立相应事中事后监管制度，建立风险防控机制，防范产业、数据、资金、人员等方面的安全风险。

## 第二节 《负面清单》文本分析

### 一、法理依据和基本框架

《实施办法》与《负面清单》这两部内容是对国务院印发的《全面深化中国（上海）自由贸易试验区改革开放方案》的具体落实，标志着自贸试验区跨境服务贸易负面清单管理模式的建立。《全面深化中国（上海）自由贸易试验区改革开放方案》明确按照国际最高标准，为推动实施新一轮高水平对外开放进行更为充分的压力测试。在风险可控的前提下，加快推进金融保险、文化旅游、教育卫生等高端服务领域的贸易便利化。提高与服务贸易相关的货物暂时进口便利，拓展暂时进口货物单证制度适用范围，延长单证册的有效期。探索兼顾安全和效率的数字产品贸易监管模式。大力发展中

---

[1]《解读上海自贸试验区跨境服务贸易负面清单管理实施办法》，载中国经济网 http://www.ce.cn/xwzx/gnsz/gdxw/201810/09/t20181009_30468455.shtml，2008 年 10 月 9 日。

医药服务贸易，扩大中医药服务贸易国际市场准入，推动中医药海外创新发展。深化国际船舶登记制度创新，进一步便利国际船舶管理企业从事海员外派服务。在合适领域分层次逐步取消或放宽对跨境交付、自然人移动等模式的服务贸易限制措施。探索完善服务贸易统计体系，建立服务贸易监测制度。

《负面清单》以建设更高质量开放的自由贸易试验区为目标，遵循目前国际通行的贸易规则，以国际化、透明度、开放度为标准，同时遵守现行有效的法律、法规、规章和国家有关规定。《负面清单》根据国民经济行业分类，统一列明跨境服务贸易领域对境外服务和服务提供者采取的与国民待遇不一致、市场准入限制、当地存在要求等特别管理措施。《负面清单》在结构上分为"编制说明"和"特别管理措施列表"两部分内容。"编制说明"主要对跨境服务贸易定义进行界定；对"负面清单"所列特别管理措施为不符合国民待遇等原则的措施予以界定；对负面清单的适用范围（自贸试验区范围内）、法规依据和行业分类标准予以说明。"特别管理措施列表"本着与外商投资准入负面清单相衔接的原则，根据《国民经济行业分类》（GB/T 4754-2017），以表格形式进行编写，共梳理出 159 项特别管理措施，涉及13 个门类、31 个行业大类。其中，金融业涉及 31 项；交通运输、仓储和邮政业，文化、体育和娱乐业各涉及 30 项；科学研究和技术服务业涉及 13 项，租赁和商务服务业涉及 11 项；信息传输、软件和信息技术服务业涉及 9 项；批发零售业涉及 8 项；水利、环境和公共设施管理业，教育各涉及 6 项；农、林、牧、渔业，居民服务、修理和其他服务业，建筑业，卫生和社会工作分别涉及 4 项、2 项、1 项、1 项。此外，有关职业资格的限制措施有 2 项，涉及所有服务部门的水平措施有 5 项。[1]

---

[1]《上海自由贸易试验区跨境服务贸易负面清单发布，涉及31个行业159项》，载东方财富网 http://finance.eastmoney.com/news/1350，20181009957447480.html。

## 二、具体内容和结构分析

### （一）限制和禁止两类特别管理措施

在负面清单文本中，将带"须"等限制含义的特别管理措施的具体细目归类为限制类细目，将带"不得"等禁止含义的特别管理措施的具体细目归类为禁止类细目。跨境服务贸易负面清单共有 159 项特别管理措施，211 条具体细目。文本包含限制类细目的措施有 127 项，包含禁止类细目的措施有 20 项，其余 12 项措施中既包含禁止类细目又包含限制类细目。限制类细目有 176 项，禁止类细目有 35 项，限制类细目数量约是禁止性细目数量的 5 倍。

例如，"批发和零售业"，第 7 项和第 13 项措施，仅包含限制类细目的措施，"进口电子出版物成品，须经新闻出版主管部门批准"；"进口第一类监控化学品和第二类、第三类监控化学品及其生产技术、专用设备，须委托中国政府指定单位代理"等等。又如，"道路运输业"，第 17 项措施，仅包含禁止类细目的措施，"外国国际道路运输经营者不得从事中国国内道路旅客和货物运输经营，不得在中国境内自行承揽货物或者招揽旅客。""水上运输业"，第 22 项措施，包含禁止类措施，"境外相关企业、组织和个人不得经营中国国内船舶管理、船舶代理、水路旅客运输代理和水路货物运输代理等水路运输辅助业务"等。再如，"电信、广播电视和卫星传输服务"，第 50 项措施，既包含禁止类细目又包含限制类细目的措施，"引进境外电视节目，专门用于信息网络传播的境外影视剧，须经广播电视主管部门批准，并符合有关总量、题材、产地等相关规定；不得利用信息网络转播境外广播电视节目、链接或集成境外互联网站的视听节目"。

表 4-1　《跨境服务贸易负面清单》的结构分析

| 行　　业 | 细分行业 | 按措施 | | | 按细目 | |
|---|---|---|---|---|---|---|
| | | 限制类 | 禁止类 | 两种兼有 | 限制类 | 禁止类 |
| 农、林、牧、渔业 | 农、林、牧、渔专业及辅助性活动 | 4 | 0 | 0 | 6 | 0 |
| 建筑业 | 土木工程建筑业 | 1 | 0 | 0 | 1 | 0 |
| 批发和零售业 | 批发业、零售业 | 8 | 0 | 0 | 8 | 0 |
| 交通运输、仓储和邮政业 | 铁路运输业 | 1 | 0 | 0 | 1 | 0 |
| | 道路运输业 | 3 | 1 | 0 | 5 | 1 |
| | 水上运输业 | 8 | 1 | 1 | 12 | 2 |
| | 航空运输业 | 10 | 2 | 0 | 15 | 2 |
| | 多式联运和运输代理业 | 1 | 0 | 0 | 1 | 0 |
| | 邮政业 | 1 | 1 | 0 | 1 | 1 |
| 信息传输、软件和信息技术服务业 | 电信、广播电视和卫星传输服务 | 5 | 1 | 1 | 9 | 2 |
| | 互联网和相关服务 | 1 | 0 | 0 | 2 | 0 |
| | 软件和信息技术服务业 | 1 | 0 | 0 | 1 | 0 |
| 金融业 | 货币金融服务 | 1 | 0 | 1 | 3 | 1 |
| | 资本市场服务 | 17 | 1 | 2 | 19 | 4 |
| | 保险业 | 1 | 1 | 0 | 2 | 1 |
| | 其他金融业 | 6 | 1 | 0 | 7 | 1 |
| 租赁和商务服务业 | 商务服务业 | 8 | 3 | 0 | 9 | 3 |
| 科学研究和技术服务业 | 研究和试验发展 | 3 | 0 | 1 | 4 | 1 |
| | 专业技术服务业 | 7 | 0 | 1 | 10 | 1 |
| | 科技推广和应用服务业 | 1 | 0 | 0 | 2 | 0 |
| 水利、环境和公共设施管理业 | 水利管理业 | 1 | 0 | 0 | 1 | 0 |
| | 生态保护和环境治理业 | 4 | 1 | 0 | 4 | 1 |

（续表）

| 行　业 | 细分行业 | 按措施 | | | 按细目 | |
|---|---|---|---|---|---|---|
| | | 限制类 | 禁止类 | 两种兼有 | 限制类 | 禁止类 |
| 居民服务、修理和其他服务业 | 居民服务业 | 2 | 0 | 0 | 3 | 0 |
| 教育 | 教育 | 1 | 4 | 1 | 4 | 6 |
| 卫生和社会工作 | 卫生 | 1 | 0 | 0 | 1 | 0 |
| 文化、体育和娱乐业 | 新闻和出版业 | 9 | 1 | 1 | 15 | 2 |
| | 广播、电视、电影和影视录音制作业 | 9 | 1 | 2 | 15 | 3 |
| | 文化艺术业 | 3 | 1 | 0 | 3 | 2 |
| | 体育 | 2 | 0 | 0 | 4 | 0 |
| | 娱乐业 | 0 | 0 | 1 | 1 | 1 |
| | 有关职业资格的限制措施 | 2 | 0 | 0 | 2 | 0 |
| | 所有服务部门 | 5 | 0 | 0 | 5 | 0 |
| 合　计 | | 127 | 20 | 12 | 176 | 35 |

资料来源：《中国（上海）自由贸易试验区跨境服务贸易特别管理措施（负面清单）》。

### （二）限制类细目的产业分布

限制类细目共有 176 条，按 13 个门类分布如图 4-1 所示。不同行业的限制程度不一。在跨境服务贸易中，限制类细目较多的门类有："文化、体育和娱乐业""批发和零售业"，以及"金融业"，三个门类合计在所有限制类细目中占了 63.07%。

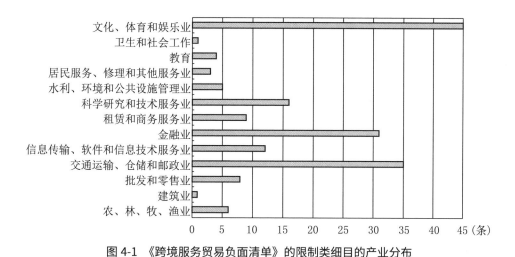

**图 4-1　《跨境服务贸易负面清单》的限制类细目的产业分布**

资料来源：《中国（上海）自由贸易试验区跨境服务贸易特别管理措施（负面清单）》。

### （三）禁止类细目的产业分布

禁止类细目在不同行业中的数量也不同，且"农、林、牧、渔业""建筑业""批发和零售业""居民服务、修理和其他服务业"和"卫生和社会工作"这 5 个门类中没有禁止类细目。在跨境服务贸易中，"文化、体育和娱乐业"和"金融业"这 2 个门类的禁止类细目最多。

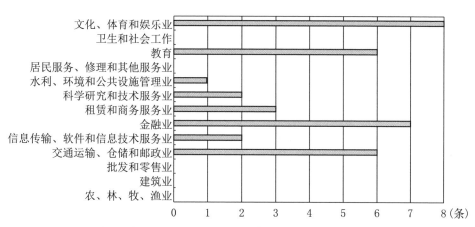

**图 4-2　《跨境服务贸易负面清单》的禁止类细目的产业分布**

资料来源：《中国（上海）自由贸易试验区跨境服务贸易特别管理措施（负面清单）》。

### （四）金融行业的情况

跨境金融服务是一个重要领域。以金融业为例，《跨境服务贸易负面清单》中涉及金融业的特别管理措施有 31 项，占比约 19.50%，分为货币金融服务、资本市场服务、保险业、其他金融业四方面内容。总体来看，对跨境金融服务的限制要多于禁止，对"资本市场服务"方面的限制类细目多达 19 条，禁止类细目为 4 条，而对保险业的约束条款最少，这将进一步提高金融业开放的透明度、可操作性和可开放性。

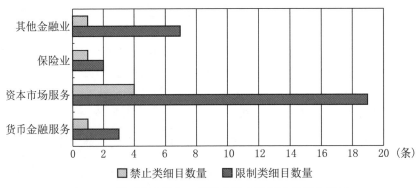

图 4-3　货币金融服务、保险业等金融行业的结构分析

资料来源：《中国（上海）自由贸易试验区跨境服务贸易特别管理措施（负面清单）》。

### 三、主要结论与建议

上海编制了全国首份服务贸易负面清单，这是上海作为服务贸易创新发展试点创新跨境服务贸易特别管理模式的阶段性成果，也为全国提供了深化改革开放的重要实践经验。负面清单列出了与国民待遇不符的一些限制性措施，结合实施方案一起出台，更具体、有可操作性，有利于推动政策快速落地，不断扩大服务贸易领域的开放度，打造服务贸易开放新高地，为更多的外资进入中国市场提供了更广阔的空间。这份跨境服务贸易负面清单的出台还体现了上海自贸试验区先行先试，不断增强政策法规的透明度的态度，同时也是优化上海营商环境的重要举措。整体来看，负面清单对金融方面的限制还是比较明显的。

清单中描述了，只有中国法人才能在中国境内从事证券市场资信评级业务，同时只有中国债券承销机构才能在中国境内从事国债承销业务，从这些规定来看，服务贸易中对金融相关领域的规定相对较为严谨。这对相关领域中外资进入中国市场进行了限制，这需要进一步明确相关业务规定之后，加大开放力度。

此外，《负面清单》中尚未列出的那些与国家安全、公共秩序、文化、金融、政府采购等相关措施，按照现行规定执行。另外对旅游服务、教育服务、电信服务、专业服务等，以及部分专业技术人员职业资质等领域开放程度尚不足，"放宽服务业准入限制，完善市场监管体制"，"扩大服务业对外开放"等，自贸试验区还需进一步放宽服务业准入限制，作为下一步改革的重点之一。

# 第五章

# 上海服务贸易细分领域发展分析与建议

## 第一节　金融服务贸易

### 一、自贸试验区金融服务贸易发展分析

根据《服务贸易总协定》的规定，跨境金融服务包括银行业、证券业、保险业和其他行业的跨境交付，包括跨境支付、境外消费、商业存在和自然人存在等金融跨境服务项目。根据我国金融服务业对外开放承诺的现状来看，在市场准入和国民待遇上受限制所占比例依旧较高，特别是在商业存在方面受限制较多，主要采用股比限制、业务范围限制、对高级管理员的限制等。上海自贸试验区为配合上海国际金融中心建设，率先开展扩大人民币跨境使用及资本项目可兑换等相关金融改革创新试验，这是上海自贸试验区金融开放创新有别于其他自贸试验区的重点领域，其关键目标是要鼓励企业充分利用境内外两种资源、两个市场，实现跨境融资自由化。

从自贸试验区运营情况来看，自由贸易账户制度创新支持下的企业跨境融资方案基本实现了这一目标。第一，上海自贸试验区创设自由贸易账户体系，完善了跨境金融功能性平台体系的构建。截至2020年底，累计开立 FT 账户 13.2 万个，全年跨境人民币结算总额 54311.8 亿元，比上年增长 4.3%，占全市比重 41.4%；跨境人民币境外借款总额 6.7 亿元，比上年下降 84.2%。累计办理本外币融资折合人民币 1.36 万亿元，其中人民币融

资平均利率为 4%。[1] 第二，基于自由贸易账户的政策框架，上海金融机构对接跨国企业经营需求的资金集中管理服务，积极创新跨境金融服务方案。目前，各类企业搭建的跨境人民币资金池约 800 个，累计发生的收支总额折合人民币 1.38 万亿元。此外，自由贸易账户能给科技创新企业提供从创意到成熟的全程跨境金融服务。已经有 1131 家科创企业开立自由贸易账户 1582 个，获得各类融资 1238.6 亿元，并有 50 多个引进人才开设了境外个人自由贸易账户。自由贸易账户还对接"一带一路"建设需求中的跨境金融服务方案，已有 9700 多家境外企业开立了自由贸易账户，实现了在岸金融服务支持境外生产经营活动的目的。第三，上海自贸试验区不仅依托自由贸易账户推进资本项目可兑换，切实提升实体经济"获得感"，还创新涉外风险管理模式，支持金融对外开放。目前已有 56 家上海市各类金融机构建立了分账核算体系来提供自由贸易账户各项金融服务。

## 二、金融服务贸易发展中存在的问题与瓶颈

虽然上海自贸试验区人民币跨境金融服务近几年有很大提升，但仍存在一些关键瓶颈和制约因素：

### （一）自贸试验区开展跨境金融创新的责权利不对等

监管部门之间联合监管和跨部门沟通需要进一步协调，在事权方面，主要集中在国务院及"一行三会"、外管局等部门授权等方面需要协调。同时，地方的自主性、能动性还需要进一步发挥，政策落地面临许多瓶颈没有办法突破，导致政策执行不畅，企业获得感不强等问题。以离岸业务发展来看，由于政策支持力度不够，上海实际难以具备和新加坡、香港等离岸金融市场的竞争优势，这使得上海国际结算中心、金融中心的功能难以实现。

---

[1]《2020 年上海市国民经济和社会发展统计公报》，载上海市统计局网站 http://tjj.sh.gov.cn/tjgb/20210317/234a1637a3974c3db0cc47a37a3c324f.html，2021 年 3 月 19 日。

## （二）自由贸易账户的灵活性和便利度不高

目前，自由贸易账户还没能实现资本自由流入流出和自由兑换。区内企业从境外募集的资金、符合条件的金融机构从境外募集的资金及其提供跨境服务取得的收入，仍需要置于一定的审批监控流程。资本项目外汇收入使用的便利化程度不高，使参与跨境资金池业务的各成员企业无法享受到结汇支付的便利，从而提升企业资金流动性管理效率，这对于外商投资企业的资金使用和境内业务的运营发展其实是非常不利的，这一定程度降低了自由贸易账户的吸引力和功能发挥。

## （三）跨境金融服务的广度和深度不够

总体而言，上海自贸试验区内国有金融企业仍占主导地位，民营银行数量较少（仅一家）。一方面，跨境资金集中运营业务的准入门槛较高，政策不能惠及中小微企业，而这部分创新创业企业是最需要金融扶持的。跨国企业一般都把结算中心放在全球视角下的离岸金融中心，上海目前的政策不足以吸引他们，这就导致政策无效。另一方面，金融市场平台速度不快，部分金融平台仍处于方案设计、提交和等待审批过程中。已经建立的金融市场也存在国际投资者比重不高、交投不活跃、交易量较低等问题，缺乏定价权和国际影响力。

## （四）跨境金融产品开发相对单一

上海自贸试验区内证券、保险等非银行类金融机构的产品创新相对较少，尚不能满足实体经济发展的需求。例如，中国银保监会出台多项措施支持健康保险、航运保险和再保险等产品创新，需要进一步落地和完善。

## 三、金融服务贸易突破和优化政策

### （一）进一步推动外汇管理体制改革

要进一步加大转变外汇管理理念和方式，简化外币资金池管理的方式，加强国际贸易结算中心的管理试点。在推动贸易便利化的过程中，简化审批程序，强化事后分析及管理，可以更大程度地发挥市场机制在调节资金流动中的基础性作用，更好地实现投资便利化和审慎管理方面的统一。

## （二）全面推动面向国际的市场体系建设

需要在自由贸易试验区内建立一批面向国际市场的大宗商品和金融交易平台。进一步扩大国际化视野，给国际投资者在交易、结算等方面提供优质服务。要在目前主要交易品种的基础之上，继续完善交易规则和服务，拓宽发行主体和发行范围。

## （三）加快金融服务业的对外开放

在自贸试验区内逐步提高外资参股金融机构的比例，进一步加快金融服务业的开放程度，积极探索对金融机构准入、业务开展、高级管理人员方面的任职及管理方面实行负面清单管理。对部分外资银行、保险等业务开展人民币业务等年限要求。加快在自贸试验区启动民营资本的银行、财务公司、各类互联网金融公司等。积极探索扩大证券业务的对外开放程度，开展多方面试点工作，积极巩固配套设施。探索境内外人民币的融资计算业务，打造区域内的国际资本市场。支持全域内金融机构利用试验区的平台实行"走出去"的战略，加快海外布点，积极扩展海外市场。

## （四）全面推进利率市场化政策

争取赋予自贸试验区内金融机构主动定价权，存款利率由市场确定，充分发挥区内利率市场秩序组织作用，加强自贸试验区内市场化利率的动态检测机制，增强金融机构和企业规避相应货币利率市场风险的能力。争取尽早向境外金融机构发行同业存单，实行市场化定价模式。在相应细则方面，逐步完善，深入探索大额可转让存单的单价、发行、交易等方面的细则。

# 第二节　经纪服务贸易

## 一、上海经纪服务贸易发展分析及特点

经纪服务业是服务业中一个比较重要的行业。经纪人指按照委托人的要

求，为委托人提供订立合同的信息、机会、条件，或者充当委托人与相对人订立合同的中介。他们是促成服务贸易产生的中间商，在某些服务交付比较专业和复杂的行业，都需要经纪人的支持，因此，经纪服务业也不断发展起来。近几年来，上海经纪服务业的对外开放呈现出以下几个特点：

**（一）开放时间较晚，前期有诸多限制**

在我国，经纪服务业的发展还不充分，在对外开放方面，也相对滞后于其他产业。以船舶经纪业为例，船舶经纪是航运产业发展的"润滑剂"，船舶经纪服务具有促进航运要素集聚及提高航运资源配置效率等功能，是推动上海国际航运中心建设升级的重要力量。但直到 2010 年上半年，上海还没有一家航运经纪公司登记注册，也没有真正合法意义上的船舶经纪人。[1] 部分有航运经纪业务的国外企业只能以在沪设立办事处的形式开展业务，船货双方在上海谈妥业务后，再转到境外进行交易。船舶经纪业务由外国船舶经纪公司包揽，使得上海航运产业链断裂，造成地方经济损失，也削弱了上海国际航运中心的国际竞争力。

除了开放时间晚之外，在早年，我国经纪服务业对外开放程度也相当有限，外资加入国内经纪服务公司的形式以及股份份额被严格规定，外资经纪公司只能通过在中国国内寻找合作伙伴的方式进入中国市场，而且需要由中方控股、主导。比如在保险经纪业，《外资保险经纪公司及其分支机构的设立审批》就明确规定了外资保险经纪公司的设立在加入时必须采取合资形式，并且外方股份需小于等于 50%。另外，在演出经纪业，《营业性演出管理条例》也规定了不得设立外资经营的演出经纪机构、演出场所经营单位。设立中外合资经营的演出经纪机构、演出场所经营单位，中国合营者的投资比例应当不低于 51%；设立中外合作经营的演出经纪机构、演出场

---

[1] 《13 家知名航运经纪公司落户上海》，载中国水运网 http://www.zgsyb.com/news.html? aid=166341，2012 年 2 月 16 日。

所经营单位，中国合作者应当拥有经营主导权。[1] 这样的安排在某种程度上，把一些好作品"过滤"在了国门之外。以英国著名芭蕾舞艺术家 Adam Cooper 编导的男版《天鹅湖》为例，在欧美上演数年，获奖无数。这类剧目往往由国际一流演出经纪公司全球独家代理。早在 2013 年，他们已经在阿联酋自贸试验区内演出一年半的时间，却始终无法进入中国市场。

**（二）开放步伐加快，开放范围更广**

近几年来上海不断优化营商环境，扩大开放水平，经纪服务业的对外开放也迈出了新步伐，进入了快速发展阶段。2013 年 12 月 21 日，国务院发布《关于在中国（上海）自由贸易试验区内暂时调整有关行政法规和国务院文件规定的行政审批或者准入特别管理措施的决定（国发〔2013〕51 号委）》（以下简称《决定》）。《决定》暂时调整了在上海自贸试验区内，《中华人民共和国外资企业法实施细则》《中华人民共和国中外合资经营企业法实施条例》《中外合资经营企业合营期限暂行规定》《中外合资经营企业合营各方出资的若干规定》《国务院关于进一步做好利用外资工作的若干意见》规定的有关行政审批。在审查批准的时间、手续流程方面都做了优化，为外资企业进入中国市场提供了更便利的条件。此外，《决定》还要求在上海自贸试验区暂时停止实施《中华人民共和国船舶登记条例》《中华人民共和国国际海运条例》《营业性演出管理条例》《娱乐场所管理条例》的相关规定内容，放宽中外合资、中外合作国际船舶运输企业的外资股比限制、允许设立外商独资国际船舶管理企业、取消外资演出经纪机构的股比限制，允许设立外商独资演出经纪机构，为上海市提供服务。允许设立外商独资的娱乐场所，在自贸试验区内提供服务。这对外资经纪机构扩展在中国的经纪业务是空前的利好消息，外资经纪公司迎来了在中国的大好发展机会，上海经纪服务业的对外开放迈出了历史性的一步，进入了快速发展的阶段。比如在船舶

---

[1]《营业性演出管理条例》，载中国政府网 http://www.gov.cn/gongbao/content/2016/content_5139410.htm。

经纪方面，2010 年上海北外滩成立了首批国际航运经纪公司，克拉克森航运经纪（上海）有限公司等 9 家公司成为中国内地首批获得航运经纪营业执照的企业，填补了我国现代航运服务产业链的空白，这在上海国际航运中心建设工作中具有重要的里程碑意义。

上海经纪服务业的对外开放除了在步伐上有所加快外，在范围方面也更加广泛。以保险经纪为例，2018 年 4 月 27 日，中国银行保险监督管理委员会再次发布《关于放开外资保险经纪公司经营范围的通知》，外资保险经纪公司经营范围限制全面放开，具体包括：为投保人拟定投保方案、选择保险人、办理投保手续，协助被保险人或者受益人进行索赔，再保险经纪业务，为委托人提供防灾、防损或风险评估、风险管理咨询服务，以及中国银行保险监督管理委员会批准的其他业务。[1]同日，上海银保监局正式为韦莱保险经纪有限公司办理《经营保险经纪业务许可证》换证手续，韦莱保险经纪有限公司成为我国第一家获准扩展经营范围的外资保险经纪机构，这标志着我国保险中介行业的扩大开放举措在上海正式落地。

据国务院发展研究中心金融研究院分析，提出放开经营范围限制，意味着外资经纪公司将在中国保险市场中发挥更加积极的作用，包括保险经纪在内的中介行业的开放，有助于外资财险公司深化市场分工与提升专业化经营水平。在外资保险中介的支持下，外资产险公司更能够专注于产品开发、精算、投资、风险管理等核心价值环节，而保险代理、经纪与公估等中介则将承担很多销售、理赔等功能，实现产销分离。外资产险公司通过分工的深化促进技术创新，创新商业模式，提高经营效率，市场份额有望逐步提高。

**（三）自贸试验区将给经纪服务业对外发展带来巨大空间**

"取消中外合作国际船舶运输企业的外资股比限制、允许设立外商独资

---

[1] 《中国银行保险监督管理委员会关于放开外资保险经纪公司经营范围的通知》，载中国银保监会网 http://www.cbirc.gov.cn/cn/view/pages/ItemDetail.html?docId=177990&itemId=928&generaltype=0，2018 年 4 月 27 日。

国际船舶管理企业、允许外商独资成立演出经纪机构。"上海自贸试验区在推动上海经纪服务业的对外开放中发挥了桥头堡的作用，带来了巨大发展空间。

在银保监会支持中国（上海）自由贸易试验区建设的 8 项批复中，支持国际著名的专业性保险中介机构在自贸试验区依法开展相关业务赫然在列。全国第一家再保险经纪公司、第一家外商独资演出经纪机构、第一家独资国际船舶管理公司等一批对外开放代表性项目，诞生在上海自贸试验区。2014 年 9 月底，美国百老汇知名演艺经纪机构倪德伦环球娱乐公司在上海自贸试验区注册成为中国首家外商独资演出经纪机构，借力上海自贸试验区的制度创新，倪德伦已计划在沪运营管理 4—5 家 2000 个座位左右的剧院，与更多国内演艺制作企业携手合作。[1] 2015 年 12 月 18 日，国内首家专业再保险经纪机构，也是国内第一个中外合资成立的再保险经纪公司江泰再保险经纪有限公司在中国（上海）自由贸易试验区注册成功。上海自贸试验区的设立为上海经纪服务业的对外开放翻开了新的篇章。

## 二、经纪服务贸易发展中存在的问题与瓶颈

### （一）立法不健全

在经纪行业快速发展的同时，经纪公司的合法化问题一直没有得到妥善解决。一是经纪服务业企业在注册时缺乏相关法律作支撑。以船舶经纪业为例，早在 20 世纪 80 年代船舶经纪业务就进入中国大陆，但由于船舶经纪未被列入国民经济产业门类，以至于船舶经纪公司始终不能在中国大陆合法注册。业界的变通做法就是在境外成立公司，在国内设立办事处。虽然也能解决一部分实际问题，但毕竟办事处的性质影响了经纪公司的长远发展，公司规模也受到限制。二是经纪服务业相关监管法律还不够完善，没有形成完

---

[1]《自贸试验田育出文化"百花园"》，载人民网 http://culture.people.com.cn/n/2014/1114/c172318-26022340.html，2014 年 11 月 14 日。

整的体系。再以航运经纪为例，由于我国工商行政管理部门的公司注册系统目前尚无"航运经纪"这一类别，从事航运经纪业务的企业部分以外资办事处的形式进行运营，部分以船务、货代或咨询公司的名义"打擦边球"。且由于缺乏相应的监管，航运经纪人在业务能力以及个人诚信度等方面都有所欠缺，造成一定程度的市场混乱。

### （二）经纪人专业素养不高

以船舶经纪人为例，目前，在上海从事船舶经纪业务的企业中，多数是私营企业，或是大型国有企业的下属子公司，或以兼营的方式开展船舶经纪业务，船舶经纪人业务运作中的服务规范程度和业务水平不一。一些船舶经纪人的业务运作领域狭窄，专业信息获知有限，业务素养不高。部分经纪公司因能力有限，只能从事简单的中介服务，不能开展如评估等业务在内的高附加值经纪活动。而对于业务成交之后的后续工作，如更高层次的服务拓展、客户开发以及市场推广等，更是难以开展。

### （三）统计数据难以获得

上海经纪服务业发展较晚，统计年鉴上有关服务业对外开放的数据较少，而细分到经纪服务业的统计数据更几乎是空白。现有的有关经纪服务业的数据主要来自各细分行业自发成立的俱乐部或者协会，比如航运经纪人俱乐部、上海市演出行业协会。然而，这些信息也是零散的、不完善的，其准确性、可靠性都有待考证。更为重要的是，这些组织很少统计涉外数据，这为促进经纪服务业的进一步发展带来了不小的挑战。

## 三、经纪服务贸易的政策突破和优化

### （一）建立完善的法律法规体系

建议加快建立完善的经纪服务业相关法律法规体系，健全经纪服务业法律框架。比如，尽快出台经纪服务公司登记注册条例，明确经纪公司登记注册标准。另外，由于目前经纪服务业还存在企业经营不规范、市场发展无序等问题，因此还要进一步完善经纪服务业的监管体系，规范经纪服务业市场，有效控制和防范经纪服务业企业各种经营风险，使经纪服务业能更加健康有序、向好发展。建议可以利用自贸试验区的平台优势，在自贸试验区先行试点，随后再逐步推广。

### （二）成立各类经纪人协会

建议鼓励经纪服务业各行业积极建立行业协会，通过协会组织经纪人培训、经纪人定期交流等一系列活动，提高经纪人素养，培育一批专业、守法、有职业操守的经纪人。同时，还可以通过协会的建设自发形成行业标准，进而规范整个行业的建设，并通过提供行业信息、咨询等业务以推动行业的发展。

### （三）继续推进数据统计工作

可以通过各行业协会，自发组织统计工作，提供较及时的统计信息。另外，官方统计以及统计数据库也是一个不可或缺的组成部分，官方统计更具权威性，科学性与准确性。建议相关部门及时收集行业相关信息、资料，整理专业数据，定期完成数据统计工作。只有有了全面、有效的数据，才能深入研究数据背后反映的行业运行状况，进而找准短板，为政府决策提供真实可靠的依据，从而才能推动行业的进一步发展。

## 第三节　国际航运服务贸易

### 一、自贸试验区航运服务贸易发展分析

上海自贸试验区为适应国际贸易投资规则与体系重塑的新形势，加大了国际航运制度的创新力度。这些制度创新主要表现在以下几个方面：一是将国际航运服务的外资准入范围拓宽。如试行开展中资外轮沿海捎带业务，允许设立外商独资的国际船舶管理企业，将国际船舶运输企业的外资股比限制放宽至49%，取消对单机、单船公司设立最低注册资本限制，允许注册在

浦东新区的融资租赁企业兼营商业保理业务等。二是旨在提高通关效率，降低企业成本的航运监管制度创新。如以企业信用为基础的高效通关制度、提升中转效率的国际中转集拼、降低航运企业成本的船舶保税维修等。三是与国际通行的航运发展制度接轨，如建立优化完善外商投资管理制度，推动"核准制"向"备案制"转变，创新国际船舶登记制度，优化外商投资登记流程等。四是让航运企业充分分享自贸试验区金融改革的红利。例如《上海浦东新区创新举措和经验做法 51 条》和国家金融管理部门研究制定的《进一步推进中国（上海）自由贸易试验区金融开放创新试点　加快上海国际金融中心建设方案》，主要集中在 FT 账户体系、离岸人民币市场、人民币跨境使用、利率市场化、投融资汇兑便利、外汇管理改革等方面，充分促进了船舶融资租赁、航运保险等业务的发展。

经过 5 年的建设和发展，上海航运服务贸易的物质基础大幅改善，航运服务能力进一步增强。

**（一）上海航运服务贸易的国际枢纽功能进一步提升**

洋山保税港区自 2009 年起，便成为国际航运发展综合试点区，2013 年，随着上海自贸试验区的挂牌，被列入上海自由贸易区。乘借上海自贸试验区蓬勃发展的快风，洋山保税港区的港口贸易也欣欣向荣。中国（上海）自贸试验区管理委员会统计数据显示，洋山保税港集装箱吞吐量从 2006 年的 345 万标准箱增长到了 2010 年的 1000 万标准箱；2014 年首次突破 1500 万标准箱。从 2005 年到 2015 年，洋山港十年累计吞吐量超过 1.08 亿标准箱，年均增长率达到 21.5%，中转吞吐量累计完成约 5100 万标准箱，年复合增长率达到 21%，国际中转吞吐量累计完成约 1000 万标准箱，年复合增长率达到 27%。此外，洋山港出入境（港）船舶和人员量分别从 2006 年的 2000 余艘次、5 万余人次，增长到 2015 年的 7 万余艘次和 180 万人次。促使上海港的国际中转箱量比例从 2006 年的 1% 左右增长到 2015 年的 10% 以上。在"十三五"规划期间，洋山港进一步扩充航线，上海港国际货物中转比例由现在的 10% 以上提高到 20%，水中转比例则超过 50%。[1] 2018 年，洋山港完成 1842.44 万标箱的集装箱，上海自贸试验区洋山保税港不断朝"国际性综合交通枢纽港站"的地位靠拢，东方大港的国际枢纽作用进一步凸显。

上海港年集装箱吞吐量从 2012 年到 2017 年持续增长，如图 5-1 所示。2017 年上海港完成的集装箱吞吐量突破 4000 万标准箱（TEU），以 4023 万标箱吞吐量高居榜首，已经连续 8 年位居世界首位。根据 2018 年上海市政府发布的《上海城市总体规划（2017—2035）》，至 2035 年，上海港集装箱吞吐量将保持在 4000—4500 万标准箱。从"量"上来看，2035 年的集装箱吞吐量发展目标已经在 2017 年提前完成。因此，上海港集装箱码头囿于有限的岸线资源，其下一步发展方向主要是提高集装箱吞吐量的"质"，如开拓附加值高的欧洲、美洲等航线，提高外贸箱比例，提升国际中转箱量等。

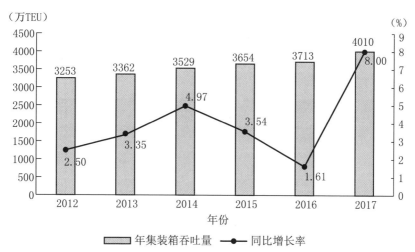

图 5-1　2012—2017 年上海港年集装箱吞吐量

资料来源：中国港口集装箱网。

---

[1] 李建媛：《上海自贸试验区国际航运服务的发展现状及升级途径》，《对外经贸实务》2016 年第 3 期。

### （二）上海港航运服务贸易的环境逐步改善

上海自贸试验区国际航运服务贸易的快速发展，受益于较完备的港口硬软件环境。在物流方面，上海已基本建成枢纽型、功能性、网络化的交通基础设施，航运设施日臻完善，港口吞吐能力世界第一，上海已成为无可争议的世界大港。在通关方面，上海"国际贸易单一窗口"平台汇集了港航、企业、银行以及外汇等方面大量的数据；还可实现与其他国家或地区的口岸系统对接，更高效地实现贸易数据的共享与互通。"国际贸易单一窗口"平台不但可以简化操作流程，还提高了工作效率，从"国际贸易单一窗口"平台发送的外贸单证量可达 90% 以上。此外，上海自贸试验区还搭建了面向"海上丝绸之路"沿线 36 个国家、50 个港口的航运公司服务平台、信息共享平台以及港口合作平台。在海事服务方面，中国海事仲裁委员会上海分会《航运标准合同系列（上海格式）》第二分册出版，意味着上海在海事法律服务方面有标准系列，拥有一定的话语权。2015 年 1 月到 11 月中国海事仲裁委员会上海分会受理案件共 72 件，争议标的达到 9 亿元人民币。 2017年，中国海事仲裁委员会上海分会全年受理案件 85 件，其中涉外案件 53件，标的超过 4 亿元人民币。

### （三）"互联网＋"国际航运服务电子商务平台成功建立

全球第一个集装箱远期运力交易第三方平台——航运电子商务平台"集装箱远期运力交易平台"，由上海运力集装箱服务有限公司于 2015 年 1 月15 日正式发布。在集装箱远期运力交易平台上，货主可以选择主动发包，从而获得低于市场运价的价格优惠。另一方面，航运企业也可以提前 2—12个月释放运力，从而提高运作效率。此外，还有上海国际港务（集团）股份有限公司联合上海吉联公司共同创设的基于 O2O 模式的航运物流电子商务管理平台。基于 O2O 模式的航运物流电子商务平台通过建立和优化完善电子商务服务体系，提升了上海国际港务（集团）的网上服务能力，同时也为上海自贸试验区全面实施跨国境整体运营战略和实现 O2O 立体化整体物流服务奠定坚实的基础。上海自贸试验区将"互联网+"的理念与航运、物流、港口等传统行业有效融合，不仅提升了港口的信息化水平，加快港口经营模式的转型，也为上海自贸试验区国际航运服务的发展发挥了重要作用。

## 二、国际航运服务贸易发展中存在的问题与瓶颈

### （一）国际航运中转能力偏低

虽然从吞吐量来看，上海港已居世界首位，但上海港主要为腹地型港口，其国际中转量极为有限。据统计，韩国釜山港、新加坡等地港口的国际中转比例分别达到了85%和50%，而上海港的国际中转比例仅徘徊在5%左右。[1]此外，上海自贸试验区国际航运服务过于集中在低附加值服务，如货代、物流仓储等传统领域。有限的国际中转量与服务低附加值都制约着上海自贸试验区国际航运服务贸易的发展。在当前国际经济下行的背景下，国际航运市场需求疲软，大量航运企业只能通过降低价格来维持运营。上海出口集装箱运价指数显示，2015年6月份上海至鹿特丹的集装箱运价一度降至243美元/集装箱的历史低位。[2]8月下旬，上海至欧洲的集装箱运价跌至640美元/集装箱。而如果每集装箱运价低于1300美元，企业就非常容易进入亏损状态。由此可见，上海自贸试验区航运业的经营结构、经营模式的转型优化以及提升高附加值航运服务比例都极为必要。

### （二）高端航运要素集聚能力不强

从航运要素来看，上海还未形成产业集聚效应。截至2017年底，上

---

[1]《上海港计划大规模建设冷库冷链建设》，载国际海事信息网 http://www.simic.net.cn/news_show.php?id=164652，2015年6月8日。

[2]《全球航运业力争化"危"为"机"》，载新华网 http://sg.xinhuanet.com/2015-09/07/c_128203884.htm，2015年9月7日。

海累计注册船员约 6.6 万名，其中国际船员 5.8 万名，国内船员 0.8 万名。2017 年，上海海事局办理各类船舶登记 1641 艘次，同比下降 31%。其中，国际航行海船数量同比有所增加，国内航行海船和国内航行河船同比有所减少。航运总部方面，上海目前仅有马士基、中远海运 2 家跨国航运企业在上海设立地区总部，与新加坡、伦敦的总部数不能相提并论，这主要是由于围绕总部服务的专业化航运服务体系没有建立起来。在航运交易主体方面，上海已经集聚了一定规模的各类航运主体，上海虹口已集聚了 4600 多家航运服务企业和 38 家航运功能性机构，成为中国航运产业链最丰富、航运要素最活跃的区域之一。但从业务开展情况来看，由于受到金融、税收和从业管理等方面的政策限制，主要开展商谈、接洽、揽货等业务，而交易和结算业务以"两头在外"的形式开展。业务和交易的主体都在境外这一形式在一定程度上制约了航运要素集聚的作用发挥。

**（三）航运服务税费缺乏竞争力**

我国航运服务的税收高、收费高是不争事实。企业成本较高，多数航运企业既缴纳所得税，还需缴纳进口增值税、营业税、关税、城市维护建设税和教育费附加等税费；同时，转关、进出口、申报个税等方面花费的时间成本、资金成本都很高。不仅造成中资船企在国际上没有竞争力，迫使大量船企挂方便旗外逃，以谋求各种便利，还阻止了外商外资的投资参与热情。海员纳税额占海员收入近三成，导致海员收入低。税费作为重要的政策变量，历来是各个港口争夺货源和企业资源的重要工具。例如，迪拜港各类税收全免，新加坡港在各项税收激励政策下，税费体系比我国低很多，从而极大地降低了航运企业的成本，提高了企业的国际竞争力。

表 5-1　中国大陆、新加坡的船舶注册费用及船舶保有、运营税费比较

| 项　　目 | 中国大陆 | | 新加坡 |
| --- | --- | --- | --- |
| | 船舶净吨 / 吨位 | 收费标准 / 人民币元 | 收费标准 / 新元 （1 新加坡元 ≈ 5.2 元人民币） |
| 注册 费用 | ≤ 10000 | | 2.50 新元 / 净吨，500 净吨以下船舶最低收费限额 1250 新元，20000 净吨以上船舶最高收费限额 50000 新元 |
| | ＞ 10000 | 10200 + 0.5 × （净吨 − 10000） | |
| 车船税 / 船舶年 吨位税 | ≤ 200 | 3 元 / 净吨 | 0.2 新元 / 净吨（取最接近的整数吨位），最低不少于 100 新元（500 净吨），且最高不超过 10000 新元（50000 净吨） |
| | | 4 元 / 净吨 | |
| | （2000—10000） | 5 元 / 净吨 | |
| | | 6 元 / 净吨 | |
| 项目 | 优惠税率 | | 优惠税率 |
| 增值税 | 沿海运输：11%；国际运输：零税率 | | 无 |
| 所得税 | 25% | | "特许国际航运企业计划"船队收入均可以免交所得税 |
| 印花税 | 0.05% | | 无 |

资料来源：根据资料整理。

### （四）发展航运服务贸易的软环境亟待优化

航运交易的环节复杂、专业性强，资金量巨大，是非常典型的契约性产业，对制度、法律、管理、产权等环境要素的要求很高，否则如果软环境缺乏竞争力，就很难吸引航运企业来开展业务。上海港口的硬件环境已经一定程度达到国际水平，但是航运服务业发展的软环境距离国际航运中心的要求还有很大差距。

### 1. 法律方面

由于自贸试验区的法理依据缺乏顶层设计，所以现行整套海事相关的法律服务流程未能满足创新试点的要求。在现行法律体系中，各级政府手伸得太长，使得航运制度创新出现"大门开了，小门不开"的局面，管理体制条块分割，纵向横向多部门协调难度大，政策细化落地难，企业获得感不强。

### 2. 金融方面

世界公认的航运中心几乎都同时是国际金融中心，能够提供航运企业在世界范围内的资金调拨和投融资运作。但目前上海自贸试验区的金融政策还不能解决资金进出自由的难题，FTN 基本处于空转状态。

### 3. 管理方面

企业准入改备案制，仅缩减了办理注册登记的时间，但运营资质等还需后续补齐方能运营，管理模式实质并未改变，海关监管也没有真正落实"一线放开，二线管住"的境内关外政策。譬如国际中转集拼业务试点中的海关监管仍然是传统的思路：海关监管车运输、物理网围、24 小时监控作业，非常不灵活，反而大大增加了企业集拼的相关运营成本，一定意义上失去了业务本身的创新意义，让企业望而生畏，没有申请开办业务的兴趣，而选择到港口使费更低的宁波舟山港、釜山港集拼。

### 4. 人才方面

国际航运业由于具有知识性和专业性的特点，航运人才需要具有更为宽广的国际航运知识体系、更高的专业化程度，需具备航运、金融、法律、贸易、外语等方面的复合型知识和能力。目前，上海对航运人才的培养主要依靠上海海事职业技术学院和上海海事大学这两所学校。而在企业的内部培训方面，目前上海的大部分航运类企业对员工的专职培训并没有特别注重，仅以适岗、履约和取证为基准。上海航运服务业人才比重仅为 3.9%，而伦敦这一比例可达 60%。[1]

## 三、国际航运服务贸易的政策突破和优化

### （一）推进航运税制改革

上海航运服务业的税费负担过重，成为制约航运服务业发展的关键因素

---

[1] 张新玉：《关于推进自贸试验区背景下上海国际航运中心建设的思考》，《改革与开放》2017 年第 18 期。

已是共识。从国家层面考虑，税费全国一盘棋无可厚非，但如果国家重视上海建设航运中心的"战略性"意义，认识到航运的"全球性"特征，就必须采取"区别对待、特殊待遇"，否则国际航运中心建设将遥遥无期。以上海目前的环境和税费情况，试图集聚全球高端航运资源是不现实的。在东亚板块，上海与新加坡、香港的竞争非常激烈，上海的一个主要瓶颈在于税费不具有竞争优势，航运税费太高。应进一步简化税目以便于计征，取消行政事业性收费，为航运企业减负。分船型、船龄设定不同税收系数，利用税收调整动力结构，提升上海航运企业的国际竞争力。

借鉴新加坡航运服务业激励计划，改革目前过重的税费是当务之急。一是在前片区的航运服务业和船员所得税适当减免。按照国际惯例减免航运服务业税费，会极大带动并促进航运相关产业链的发展，争取在自贸试验区减免航运服务业和海员税收，争取与国际接轨。二是逐步推行船舶吨税制度。依照国际通行惯例，制定与国际标准接轨的"吨税制"，取代目前过重的所得税制。三是船舶互租免税。按照国际惯例和双边协议，恢复对注册在自贸试验区内的国内航运企业租用境外船舶和集装箱用于国际运输的租金免征所得税和营业税。

表5-2　上海、新加坡、迪拜自由贸易区企业税收对比

| 项　目 | 上　海 | 新加坡 | 迪　拜 |
|---|---|---|---|
| 企业所得税 | 17% | 17%（最低可申请10%） | 外国公司享受15年免除所得税，期满后可再延长15年的免税期 |
| 其他 | 一般货物的进口关税根据不同货物税率不同，17%的增值税，针对部分消费品征收消费税。 | 利息税为15%；版税为10%；没有资本利得税和股息税；一般货物的关税率较低，货物的从价税关税率为5%以及纳税价值3%的货物与服务的进口税。 | 无个人所得税进口完全免税 |

资料来源：根据资料整理。

### （二）深化航运金融服务改革

航运金融通常指航运企业运作过程中发生的货币保管、融资、结算、融通、兑换等经济活动而产生的一系列与此相关业务的总称。[1] 一是要扩大航运投融资领域。积极探索自贸试验区航运企业上市投融资渠道；鼓励各大银行和金融机构开展船舶融资业务（如鼓励招商局等大型企业发起成立航运银行），进一步发展离岸船舶融资。二是创新航运金融服务。积极研究航运金融衍生品服务（航运指数期货、运费远期／期货合约、运费期权、飞机船舶订位交易等）。三是鼓励开展航运资产类交易。支持有利于航运实体经济发展的各类航运交易机构和平台建设，如航运资产交易（包括船舶飞机交易、港口机械交易等）、航运产权交易（包括产权整体交易、产权分割交易等）、航运技术交易（包括新船型开发、节能减排、航运信息化等）。

### （三）积极培育航运研究人才

从目前上海航运从业人员构成结构来看，主要集中于港口服务、货运服务和代理服务等知识和技术含量较低、经济附加值低的传统航运服务领域。航运从业人员在船舶管理、高级航海技术、航运信息研究分析、航运经纪、航运金融与保险、海事法律、海事安全与海事技术服务等知识、技术含量较高的高端领域相对比较少，高端复合型航运人才资源稀缺。因此，上海在推进国际航运中心高质量建设的过程中，必须扬长避短，加大对航运高端复合型航运人才的培训力度，扩大高等教育中航运人才相关专业的招生人数，逐步提升高等航运人才的比例；同时，建立健全有利于人才集聚的机制，通过各类人才奖励措施吸引海外高端航运服务人才落沪。此外，建议尽快完善航运从业资格认证制度，加速培养一批与国际接轨的航运经纪、航运金融、航运保险、海事仲裁、空中交通等领域的高端人才，为上海国际航运中心的建设奠定坚实的人才支撑。

---

[1] 张晨：《大航运时代的金融潜流》，《珠江水运》2011 年第 1 期。

### （四）深化国际船舶注册制度

吸引中资外籍船舶企业回归国内，仅靠某几个单项的优惠政策或无法奏效，而需要完善一整套具有国际竞争力的航运业制度和服务体系。要确保中国洋山保税船舶登记制度的成功实施，需完善配相关套制度，在船舶交易、公司登记、税务管理、船舶抵押、船舶保险等诸方面突破现有规制，以给中资船东创造与境外相当的营商环境。因此，深化国际船舶注册制度是上海航运服务发展的重要一环。

### （五）优化航运信息共享平台

首先，应尽快完善航运信息平台建设。上海航运业相关信息不仅搜集渠道较少，数据更新也不及时，且只有部分信息可共享。因此，进一步健全航运公共交易服务平台，形成上海自己的货物交易中心和船舶交易中心。其次，通过采用传统、网络和数字化等方式拓宽信息发布渠道，及时发布信息，力求做到准确、及时、透明、权威和全面。第三，必须强化对国际航运信息的搜集、整合和输出能力，采用现代信息技术等多种方式实现更大范围的信息共享，使企业、中介组织和政府和企业更加便捷、全面地了解他们所需要的上海航运业的信息数据。

### （六）优化临港新片区营商环境，提高落地吸引力

上海自贸试验区临港新片区是发展航运服务贸易的重要空间，但目前对航运要素的吸引力还不够强，譬如船管企业先后从临港搬回陆家嘴就是一个例子。为此，要打造新片区的航运服务贸易功能，建议着重开展以下两方面的工作：一是加快完善硬件配套环境，主要包括生活硬件配套和产业功能硬件配套。在加快办公与生活硬件配套方面，可加强与南汇新城的合作，完善道路、桥梁、公共交通、燃气、给排水、供电、供气、园林、绿化、污水垃圾处理等基础设施建设。在加快产业功能硬件配套上，通过上港集团、中远中海的协调合作，配置近洋航线，可以解决开展国际中转集拼业务的限制瓶颈。二是进一步优化软性服务环境。通过统筹推进协同高效的管理模式，充分发挥协调机制

中的不同主体的积极性和创造性，有效地激发竞争机制的效应，进行管理模式的创新。切实推进多元化的投资和经营模式多元化，实现外资、民营、中外合资的一视同仁的国民待遇。进一步优化通关环境，快速提升口岸信息化服务水平，降低企业通关成本，才能够为航运企业提供高质量的国际航运金融服务和信息化服务等；优化投资服务环境，切实有效地简化外资航运企业在境内注册登记的流程，提升投资效率。在优化自贸试验区信息服务环境的基础上，持续优化软环境，为航运企业的发展打造良好的营商环境。

## 第四节　高端维修服务贸易

### 一、自贸试验区高端维修服务贸易发展现状

随着经济不断快速发展，各类新兴类产物应运而生，高端维修服务业就是在这样的环境下产生的。高端维修服务贸易是围绕大型设备、高新技术类设备的维护保养服务为主的维修服务。有学者指出，高端维修服务贸易是位于价值链上游的，以船舶、航空器、大型技术类设备、电子设备的保养维修为主的服务贸易。[1]

这里着重阐述自贸试验区高端维修服务，其中涉及保税维修服务。因此，需要对自贸试验区内高端维修服务贸易的发展现状进行梳理。与传统的维修服务相比，高端维修服务更加具备知识密集型产业、新兴技术产业、绿色环保型产业及和创新科技型产业等方面的特征。随着上海对外贸易规模不断扩大，要发展高端维修服务贸易的重大意义也逐步显现出来。不仅能够促进我国经济从高速发展转向高质量发展，而且还有助于推动上海自贸试验区的高标准发展，形成对我国其他自贸试验区可借鉴的经验。

上海市从 2014 年起逐步探索有关全球维修产业的监管制度，对自贸试验

---

[1] 李厚松：《上海自贸试验区高端维修服务贸易发展及支持政策思考》，《中国经济社会论坛》2019 年第 1 期。

区内的进出口维修产品用不同的标准加以规范，例如以年度核准制替代原有的批次化备案制，免除入境维修用旧机电产品海外装运前检验；以周期性的企业监管替代批次化的产品检验。这样既提高了通关速度，又能保证质量安全的把控。2019 年，上海首次试水精密激光行业，由于激光类产品对美国出口占比较大，企业若能在此进行报税维修，从某种程度而言可以有效缓解中美贸易摩擦带来的不便，促进企业稳定发展，这同时也是转型升级的重要一步。

全球维修业作为工业 4.0 时代的战略性产业，是检验一个国家或地区先进制造及其配套高端服务业的一项重要竞争力指标。在美国，维修和再制造业的年产值高达 1000 亿美元。[1]

### （一）船舶维修产业

目前上海自贸试验区内的船舶维修产业形成了以曼恩供应链、中国船舶、中船重工等大型维修企业为代表，二线船舶维修、零部件生产等企业聚集的产业模式。曼恩供应链管理（上海）有限公司隶属于世界 500 强之一的德国曼恩集团，其主营业务主要有维修船用、陆用柴油机设备、供应零备件及培训相关事项。其于 2013 年入驻洋山港自贸试验区，给港口内的船舶提供了专业化的报税养护服务，节约税负还能高效率进行，这给我们提供了一个值得借鉴的报税维修业务模式。

2017 年初，以色列"奥宝科技"公司在上海自贸试验区内注册全球维修中心，成为自贸试验区高端维修服务的重要事件。在此之前，出于知识产权等因素，几乎所有待维修部件的处理方式是，首先全部运往海外，接着在海外修理完毕后再运输回国内。在这样的流程中，产生的出口税和进口关税平均被征达 27%。[2]除此之外，企业自身的价值观迫使其面临对客户更换备件及自身存货的压力。基于上述现状，该公司于 2017 年在上海自贸试验

---

[1]　见上海地方志办公室网站 http://www.shtong.gov.cn/dfz_web/DFZ/Info?idnode=70344&tableName=userobject1a&id=240。

[2]　见人民网 http://sh.people.com.cn/GB/n2/2018/0408/c134768-31431017.html。

区内注册全球维修中心，一方面可以免除税收的压力，另一方面也可以利用到上海的人口红利、口岸优势。[1]

### （二）高端航空维修产业的重大突破

航空维修指对航空器整机、机载设备以及部附件的维护和修理，从而保障运输飞机（通用飞机）安全有效地运转。国内的大型飞机一般由国外生产制造，其附属的零部件在通关过程中，由于其作为特殊器材，会产生海关税收等方面问题。

上海浦东国际机场一直以来是作为我国重要的国际航空枢纽大站，正逐步成长为世界级航空枢纽。上海波音是上海自贸试验区内第一家开展飞机维修业务的企业。据悉，上海波音已成长为新一代 737 波音改装货机和 787 定检及改装的卓越中心。其创新特点为飞机维修机库设于机场综保区外，零部件在区内仓库与机库内加以流转，海关等相关部门制定了一套完善的税收监管方案，进一步增强其市场竞争力。2017 年至今，上海波音进境飞机共计 28 架次，总申报金额 36.8 亿美元。从 2013 年至今，年均业务增长率约为 11%。2017 年，该企业获得了国家质检总局颁发的 AA 级资质证书。[2] 上海波音成为自贸试验区内首家在维修领域获得《入境维修／再制造业务资质证书》的企业，标志着上海浦东机场综合保税区航空维修产业从低端向高端的重大突破。由此，上海浦东机场综合保税区也成为全中国首家具备航空器维修和改装功能的园区。

## 二、高端维修服务贸易发展中存在的问题与瓶颈

### （一）保税维修企业注册门槛高

《上海海关关于在中国（上海）自由贸易试验区开展境内外维修业务的

---

[1]《上海自贸试验区全球维修产业优势渐显》，《浦东时报》2018 年 1 月 30 日。

[2]《上海波音业务升级　开启自贸试验区入境维修贸易便利化通道》，中新网 https://www.chinanews.com/cj/2017/11-07/8370821.shtml，2017 年 11 月 7 日。

公告》规定，开展维修业务的区内企业应符合以下条件："经相关部门核准，符合高附加值、高技术、无污染的要求；建立符合要求的计算机管理系统，能够通过数据交换平台或其他计算机网络，按照海关规定的认证方式与中国（上海）自由贸易试验区海关监管信息化系统联网，向海关报送能够满足海关监管要求的相关数据等。"但是通常情况下，监管部门会针对企业的资质、品牌、资金、设备等设定相应门槛，这无疑将一些具有市场敏锐度的中小企业阻拦在外。

### （二）航空、船舶等高端装备维修行业人才培养不足

对比北京、南京、西安等航空院校优势，上海目前未有专业性航空院校，综合性大学中，虽有复旦大学航空航天系、同济大学航空航天与力学学院、上海交通大学航空航天学院三所强厚的学校背景，但缺乏完善的资金、项目、交流，难以形成有效的航空人才人才培养和聚集机制。相关专业的培养机制往往在高校建设中处于边缘地带，没有受到相应重视。并且航空、船舶等高端装备维修行业存在较强的技术性，涉及较多的学科、知识面较广，专业人才的培养需要较长时间的积累。除此之外，高端装备维修业需要专用的精密设备，往往价格高昂，需要投入大量资金。因此，上海航空领域面临的专业人才缺口，是未来自贸试验区航空维修产业发展的瓶颈问题。

### （三）船舶、航空维修面临瓶颈

由于不同海关之间管理上的差异，会导致不同的关区体制不同，产业扩张辐射将出现一定问题。而这种情况出现后只能进行个案协调，并无形成相应的制度化模式。另外，船舶相关的零部件报税上船的通道成本太高，国内零部件供船也不能退税。维修件和备件上下船的相关程序没有相应的制度化模式。

海关总署对航空维修缺乏一定的顶层设计，政策并不具有普遍性，这样会导致区内外出现的待遇不同，产生诸多不便。例如，上海波音的维修工作注册在浦东机场综合保税区，但其维修在区外，却仍然能享受区内的相关待

遇，这在国内仅此一例。

**（四）政策落地、监管部门缺乏协调统一**

尽管政府出台相应的优惠政策，但经常会在政策实施落地的时候，各监管部门存在互相推责、认定标准不一等现象，并且缺乏协调联动性，沟通机制不完善，从而阻碍保税维修业务的健康发展。

### 三、高端维修服务贸易的政策突破和优化

**（一）优化自贸试验区内维修产业企业监管模式**

对再制造产业，需要填补相应的空白，展开相应的监管模式。保税维修是一个潜力巨大的新型产业，未来发展前景不可估量。因此，为了推动保税维修产业的发展，国家相关部门需要全力参与，共同制定政策，其中，海关、检验检疫、国税部门作为领头，带动其他相关部门在上海自贸试验区内放宽监管模式，逐步探索适应我国特色社会主义经济发展的保税维修建设发展之路，并与可持续发展理念相契合。适当降低自贸试验区报税维修企业的注册门槛，对于符合高附加值、高技术等相关规定适当实际调整，放宽生产地限制、品牌限制，鼓励有经济活力的中小企业在自贸试验区内开展相关的代理业务，允许维修其他国家的产品。

**（二）创新自贸试验区内维修产业企业运营模式**

探索入境再制造模式，利用国内较成熟的技术及国外的旧零件和先进的回收体系实现"多轨运行"运营模式。积极鼓励中外合资企业等利用其成熟的商业模式和管理经验在自贸试验区内开展再制造业务，同时我国企业应当借鉴该模式，在旧部件回收、加工、检测等过程中加大合作，以此提升我国企业的技术水平和竞争力，带动区域内维修产业的健康发展。除此之外，还可以重点推进专业化培训机制，根据市场需求及实际情况，投入大量资金，加大对航空人才、机构等技术培训服务，形成一站式的航空服务。

### （三）突破船舶、航空维修瓶颈

在维持船舶、航空维修产业的扩张辐射过程中，形成制度化模式，同时还需在保证监管力度的情况下，统筹规划、共同协调。建议海关将船舶上下船的时间、成本、相应安排等以对外公告的形式及时公布，提升通行效率。对于航空维修方面的料件，可采用精确的料件级管理模式，准确追踪最新动态，在出仓库时通过数据系统传送，做到精确的电子化模式，提升准确性及效率。

### （四）积极探索建设全球航空维修中心

依托上海自贸试验区的优惠政策及自身现有的航空产业基础，助力打造上海市全球航空维修中心的区位优势。以上海波音企业为核心，积极吸引更多具有全球竞争力的航空维修企业落户上海，降低自贸试验区内维修企业的注册门槛，产地打造具有国际影响力的航空器材、部件基地，提升维修、改装能力，从而带动东部沿海地区长三角一带航空产业的发展。明确产业发展优先级，做好监管部门统一协调准备，彻底打通政策落地后的"最后一公里"，进而加快报税维修服务业务的健康快速发展。

## 第五节  法律服务贸易

### 一、上海法律服务贸易发展分析

自贸试验区的建立促进了中外合作交流，同时也增大了对律师服务业的需求，特别是跨境贸易案件数量的增加，迫切要求在自贸试验区内开放律师服务市场，放开外资律师事务所及律师进入国内市场的条件。法治社会的建设目标带来律师执业环境的重要改善，同时律师服务业的开放将给中国律师带来新的挑战，新型业务的不断涌现要求律师要及时更新知识储备并不断探索以提供优质服务。律师服务不仅是国内或者国际服务市场上的一种专业服务，更是关系到国家司法、政治的特定服务。因此，我国也逐步开放了国内律师服务市场，促进国内律师事务所和国际律师事务所之间的交流合作。

与其他服务部门相比较，对法律服务业市场准入的规制措施进行的改革比较谨慎。因此，在《中国（上海）自由贸易试验区总体方案》的表述中体现得不够明确。该方案只是提出要"探索密切中国律师事务所与外国（港澳台地区）律师事务所业务合作的方式和机制"，但没有相应的任何实质性的改革举措实施的内容。2014 年 12 月，上海市司法局正式公布《中国（上海）自由贸易试验区中外律师事务所互派律师担任法律顾问的实施办法》（以下简称《顾问实施办法》）和《中国（上海）自由贸易试验区中外律师事务所联营的实施办法》（以下简称《联营实施办法》），这才意味着上海自贸试验区法律服务扩大开放措施进入正式实施阶段。

上述两项实施办法，一是允许中外律师事务所互派律师。根据《顾问实施办法》的规定，在上海自贸试验区设立代表处的外国律师事务所和国内律师事务所经上海市司法局备案后，可通过协议方式相互派驻律师担任法律顾问。这不仅有利于借鉴国外优秀的经验，提升国内律师事务所处理国际事务的业务能力。除此之外，《顾问实施办法》在法律顾问的资质、执业范围、适用法律等方面作出详细的规定。二是中外律师事务所建立合同型联营办公室。中外律师事务所联营模式和普通的合资公司不同，中外律师事务所联营是基于协议的一种联营合作方式，两家律师事务所仍属于独立核算、独立运营的两个法律实体。两家律师事务所共享行政资源，合署办公，给企业提供一套完整的法律服务。两家律师事务所只需和客户签约一份合同即可，无需两边单独和客服对接，而是相互合作给客户解决问题，真正意义上做到了提升效率。两家律师事务所之间会因为客户群体的不同而细分业务，例如有一些中国客户要去境外投资，那么国际团队的重要性便不言而喻。2015 年 4 月 15 日，北京市奋迅律师事务所与美国贝克·麦坚时国际律师事务所在上海自贸试验区成立联营办公室，这是《联营实施办法》生效以来上海市司法局核准的第一家由中外律师事务所合作建立的联营办公室。[1] 2019 年 8 月 8 日，英国史密夫斐尔律师事务所和科伟律师事务所获上海市司法局批准，正式在上海自贸试验区设立联营办公室。因此，截至 2019 年 8 月，上海自贸试验区启动中外律师事务所联营试点的联营办公室一共有六家，虽然数量上并不多，但这种合作模式的效果是十分可观的。

表 5-3　《顾问实施办法》对法律顾问的一些规范

| 法律顾问的资质 | 执业范围 | | 适用法律 | |
| --- | --- | --- | --- | --- |
| | 中国法律顾问 | 外国法律顾问 | 中国法律顾问 | 外国法律顾问 |
| （一）具有 5 年以上专职执业经历（二）具有较强的国内外法律事务能力（三）近三年内未收到行政处罚 | （一）向接受派驻的外国律师事务所等提供中国法律信息、法律环境等方面咨询服务（二）以中国律师身份提供涉及适用中国法律的民商事诉讼、非诉讼法律事务的代理服务（三）以分工协作方式与外国律师事务所合作办理跨境或国际法律事务 | （一）向中方律师事务所提供外国法律信息、法律环境等咨询服务（二）可以外国律师身份向客户提供涉及外国法律适用的咨询和代理服务（三）可以分工协作方式与中方律师事务所合作办理跨境或国际事务 | 《中华人民共和国律师法》《律师和律师事务所违法行为处罚办法》 | 《外国律师事务所驻华代表机构条例》《司法部关于执行〈外国律师事务所驻华代表机构条例〉的规定》 |

资料来源：《中国（上海）自由贸易试验区中外律师事务所互派律师担任法律顾问的实施办法》。

尽管两项实施办法中并没有将中国的法律事务开放给外国的律师，但是就创新而言，开放了一种中外律师事务所合作的新方式，在一定程度上可以满足客户对跨境贸易案件的需求。

---

[1]《中国首家自贸试验区中外律师事务所联营试点上海揭牌》，载中新网 http://www.chinanews.com/fz/2015/04-15/7209834.shtml，2015 年 4 月 15 日。

截至 2018 年底，上海市共有律师事务所 1605 家，比去年增长 21.50%；执业律师 23975 人，比去年增长 41.86%。律师事务所中，合伙律师事务所有 1055 家，占全市律师事务所总数的 65.73%；个人所 413 家，占 25.73%；外省市律师事务所上海分所 137 家，占 8.54%。[1]

### 二、法律服务贸易发展中存在的问题与瓶颈

**（一）中外律师事务所互派法律顾问的不足**

从执业范围内容可以看出，中外双方互相派驻的法律顾问虽然可以在对方的办公室办公并且从事对方能力不足的业务领域，但是业务方面仍有部分限制：例如，外国律师事务所及其驻华代表机构、代表和雇员不能解释中国法律，不能到中国的法院参加诉讼等。除此之外，在法律意义上看，派驻的法律顾问接收方并不产生雇佣关系。由此可以看出，中外律师事务所互派法律顾问这一制度虽然打开了自贸试验区中外律师事务所合作的大门，但本质上，并没有对外国律师事务所和律师开放中国的法律业务。

**（二）中外律师事务所建立合同型联营办公室的不足**

《联营实施办法》允许中外律师事务所建立合同型联营办公室仅仅是对中外律师事务所事务合作方式的开放，不得从事中国法律服务、不能聘用中国律师等相关限制对外国律师事务所来说，显得开放不足；另外，中外双方在联营期间各自独立运营，相关的财务管理和会计核算制度也不统一，实质上两家律师事务所是独立的两个法律实体，这样会导致联营办公室在实际运行过程中可能会出现一些税收政策、外汇管理相关方面的问题。

**（三）业务转型及升级**

上海自贸试验区的新政策和举措促使上海自贸试验区的国际化进程加快，传统的法律服务业务和配套技能知识跟不上自贸试验区建设的需求，像

---

[1] 见搜狐网 http://www.sohu.com/a/305054954_120051695。

一些区别于传统领域的法务服务跨境电商等所涉及的合同业务和涉外法律关系上，存在一定挑战。还有像知识产权领域，相对于发达国家知识产权保护而言，我国知识产权的相关配套法律法规制度相对来说不够完善。因此，在自贸试验区，相关企业必须遵守国际通行的知识产权规则、TRIPS协议等，而这些对律师来说，对于知识产权领域较不熟练，业务能力相对缺乏经验，再加上一系列国际上通用规则的适用，使其无论是在职业技能还是知识更新上都面临着巨大的挑战。

**（四）涉外法律服务监管法制不完善**

相比发达国家，例如像美国、英国等法律服务业最为开放的国家，我国的法律服务业开放尚存在一定差距，尤其是不向外国律师放开中国法律业务这一点，但总体来说，对国外律师事务所所做出的相对限制还是较少。但是，从涉外法律服务业监管的角度来看，我国法律服务业开放还存在不少问题：我国至今未对法律咨询服务中的义务、与当事人的利益冲突、收费细则等作出明确规定；市场监管缺乏一定执行力，惩戒机制也并不健全，缺乏像国外律师事务所行业的自律监管机制。

**（五）律师自身业务能力和语言能力的不足**

要成为上海自贸试验区的律师从业人员，一定的外语能力是必备的，这不仅给传统律师行业带来了一定门槛，还是今后涉外律师行业高端服务人才的培养方向。律师行业高端服务人才的紧缺成为制约上海自贸试验区进一步发展的重要瓶颈之一，亟待政府部门从政策、资金上给予扶持。当然，除语言能力之外，业务能力是最重要的，我国涉外律师人才队伍严重不足，能够独立办理涉外仲裁、涉外贸易诉讼的律师更少，能够在世界贸易组织中参与诉讼的律师屈指可数。这也从另一方面体现我国律师从业人员与国际接轨业务能力的差距。凭借自贸试验区这样一个平台，我们更需要从自身专业能力入手，推动自贸试验区司法体制改革，制定出更加科学的上海律师业的发展规划，不但追求律师数量上的发展，更应转向高质量发展。

### 三、法律服务贸易的政策突破和优化

上海大部分小型律师事务所都是各自经营，互相竞争，如果要更好地满足上海自贸试验区所带来的新的法律服务需求，上海律师服务业的发展需要具备相应应对措施。

#### （一）借鉴国外律师事务所先进管理经验，提升本土竞争力

发达国家法治化进程发展早，并且相应机制较为成熟。发达国家和地区的律师事务所以律师事务所公司化的发展模式、无限责任向有限责任转化的责任承担形式和律师事务所的专业化、规模化运行机制的特点，形成高质量的服务，在国际律师服务市场上占有绝大部分份额。因此，有必要把上述运行模式移植到自贸试验区先行先试，进行压力测试，总结经验，进一步创新。贝克·麦坚时国际律师事务所是全球著名的律师事务所，其市场化、管理化的机制运作模式给其赢得了较高的声誉，增强了公司的业务竞争力，并且其还具有独立的法人地位。相比较而言，我国律师事务所并无独立法人定位，相较而言公司化机制运作模式难以实现，竞争力亟待提升。除此之外，在自贸试验区推进试验的某些领域，比如离岸贸易、金融衍生品等方面，国外律师服务人员具有较丰富的从业经验。因此，需要加强与外资律师事务所之间的合作交流，提升我国律师服务的竞争力。

#### （二）对外资律师事务所开放部分国内法律事务范围

《2018 上海自贸试验区跨境服务贸易负面清单》商务服务业中明确提出：外国律师事务所，其他组织或者个人不得在中国境内从事法律服务活动，两项实施办法中也作出相关规定："外所的法律顾问在派驻期间，禁止从事或宣称可以从事中国的法律事务，亦不得实质上或名义上称为中国律师事务所的合伙人。"因此，此次业务只是合作、机制方面的开放，并非对外资律师事务所的开放。但在实践操作过程中，会不可避免碰到敏感事务，仅依赖合作机制难以处理现实的复杂跨境案件，反而更容易触碰到法律红线。

虽然彻底放开法律事务范围会给国内律师行业带来重大影响，但我们可以一步一步地开放，循序渐进，逐步试点开放涉及民商类法律案件，尤其是合同案件，可以根据当事人选择适用的国家或地区法律，提供相应法律意见书；但像消费者权益保护、劳动保护等方面的内容不适宜先行试点。对于非诉讼类的法律业务，自贸试验区应当向外国律师事务所开放。

### （三）加大对律师的涉外业务培训和提高专业化服务水平

与传统法律服务市场相比，自贸试验区背景下法律服务市场的业务类型将主要集中在涉外、非诉、高端现代的法律服务方面。因此，对律师的团队能力和管理水平都有比较高的要求，形成了比较高的准入门槛。特别是中外律师事务所共建合作平台，是根据工作量来进行利润分配，各自分担各自执业风险和相应责任。因此，需要进一步扩展中外合营律师事务所的业务范围，鼓励双方在合营平台上，提供自贸试验区所需的专业性商务法律服务，参与到自贸试验区的建设之中。律师服务人员作为现代化产业高服务水平专业人员，其自身除了作为法律工作者，为企业服务，为法律法规建设外，还应当积极投入于自贸试验区的建设当中，从自身专业水平出发，提升与自贸试验区建设相匹配的相应技能，更加敬业更加专业化，提升自我职业道德意识和专业技能水平。因此，我们应该尽快在协调司法机关、高等学校和相关干部培训学院建立涉外专业培训基地，构建符合自贸试验区建设的涉外律师能力的培训框架和课程体系，有的放矢地对律师进行定期的外语和涉外法律知识的培训。同时，人才交流是必不可少的环节，应当投入资金派选优秀律师远赴海外发达国家实地接触一些投资贸易地的司法机关、律师事务所和高等院校，进行交流，进一步强化派选律师国际化方面的专业知识、语言能力和实战经验。对于上海自贸试验区的一些新型业务，律师应在自身技能领域提供给所服务企业带来风险最小化的方案和意见。在法律相对来说比较滞后的情况下，律师的重要性显得尤为突出，应更多在法律法规可行的方案上面发挥专长，为当事人提供政策咨询、风险评估、相关法律文件制作等专业性的服务。

### （四）加大律师服务人员的话语主导权和规章制度参与权与制定权

为了让律师服务人员更加投入自贸试验区建设，相关法律法规薄弱方面的法规建设需要由律师们参与进来，并且各抒己见，共同参与到园区规则制度的制定工作中。这不仅能使律师服务人员更高效地跟进自贸试验区建设，更是专业服务能力和法律规范制度建设的实质性的有力结合。在某些方面，律师们显得比规章制度制定者更加专业和更加具有实际操作力。

### （五）律师要充分利用上海自贸试验区这个大舞台施展才华

上海自贸试验区给律师们带来了一个参与试验的机会，这同时也是挑战。自贸试验区的建设不仅需要政府做主导，还需要大量人才的参与，并给予咨询建议，这其中，律师的重要作用不可忽视。律师可以在参与自贸试验区建设工作中发挥自身专业特长，如法律意见书等，对政府行为的合法合规性发表独立的法律意见，有利于促进政府更好地实施合理行政行为。另外，律师作为监管部门和企业之间的"中间人"，当企业和监管部门之间可能存在一定矛盾冲突，并且会因为角度问题从而导致的沟通差异时，律师作为高水平技能服务人员和市场经济主体上发挥重要作用的团队，在介于两方之间进行良好沟通时，能够很好达成建设自贸试验区与法律工作者自我价值实现之间的平衡。因此。上海自贸试验区作为我国律师服务市场开放水平较高的示范地区，除了进一步开放法律服务市场以外，还需要采取有力措施，确实提高律师自身发展的软硬件发展环境，激励他们持续不断地提高自身的业务水平。

## 第六节　文化服务贸易

### 一、文化服务贸易发展分析及特点

### （一）文化服务贸易规模稳步扩大

近几年来，随着我国文化国际影响力不断提升，文化"走出去"力度持续加大，对外文化贸易增长迅速，上海充分利用自贸试验区建设的战略机遇，积极参与"一带一路"建设，以打响"上海文化"品牌为发力点，开拓文化贸易渠道，提升文化贸易水平，贸易规模不断扩大，贸易结构不断优化。上海文化服务贸易的创新发展聚焦"一带一路"沿线市场，依托自贸区国家对外文化贸易基地（上海）等平台，开展"上海文化海外行"活动，创新"抱团出海""借船出海"和"自主创办"等海外营销模式，支持百余家企业参加 40 余个境外知名展会，10 余个"一带一路"沿线文化展会，并举办文化授权交易会等自办展览论坛活动；文化贸易语言服务基地在伦敦设立海外办事处，全球最大艺术品保税服务中心在上海自贸试验区基本建成；文化贸易规模保持增长势头。[1]

2017 年，上海文化产品和服务进出口总额已达 91.1 亿美元，同比增长 3.6%，继续保持贸易顺差。其中，文化贸易进口额 43.0 亿美元，比上年增长 3.7 亿美元，同比增长 9.4%；文化贸易出口额 48.1 亿美元，比上年减少 0.6 亿美元。其中，音像制品及电子出版物、文化用品等文化产品进出口均实现同比增长，文化与娱乐服务、广告服务等文化服务进口增势明显，进口增幅均超过 30%。

**（二）文化服务贸易结构逐步优化**

2013 年上海自贸试验区挂牌以来，上海市文化服务对外贸易结构不断优化。上海市委宣传部文化改革发展办公室、上海市商务委员会国际服务贸易处和上海市发展改革研究院共同发布的《上海对外文化贸易发展报告》指出，上海市 2009—2013 年文化产品和服务进出口总额年均增长率仅为 4.7%，2013 年上海文化服务贸易进出口总额 27.05 亿美元，占文化产业进出口总额的 16.95%；2014 年上海文化服务贸易进出口总额 32.64 亿美元，占文化产业进出口总额的 38.66%，同比增长 20.66%；2015 年上海文化服

---

[1]《完善政策支持服贸企业"走出去"》，《国际商报》2018 年 11 月 19 日。

务贸易进出口总额达 37.44 亿美元，占文化产业进出口总额的 41.31%，同比增长 14.70%。2017 年在出口方面，图书报纸期刊等传统出版物、工艺美术品及收藏品、文化与娱乐服务等文化产品和服务均出现不同程度的出口萎缩，而文化专用设备则实现出口额大幅增长，增幅达到 45.7%，文化产品出口的技术含量有所提升，出口结构趋于优化。

表 5-4　2013—2017 年上海文化服务贸易占比情况

| 年份 | 文化产品和服务进出口总额（亿美元） | 文化产品进出口总额（亿美元） | 文化服务贸易进出口总额（亿美元） | 文化服务贸易占比 |
|---|---|---|---|---|
| 2013 | 159.58 | 132.53 | 27.05 | 16.95% |
| 2014 | 84.43 | 50.79 | 32.64 | 38.66% |
| 2015 | 90.63 | 53.19 | 37.44 | 41.31% |
| 2016 | 87.93 | 50.30 | 37.63 | 42.79% |
| 2017 | 91.10 | 49.70 | 41.40 | 45.44% |

资料来源：《2018 上海对外文化贸易发展报告》。

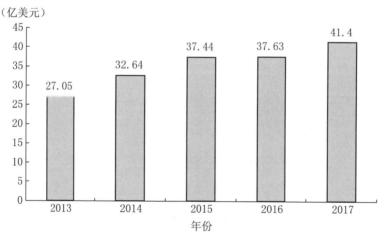

图 5-2　2013—2017 年上海文化服务贸易进出口总额

资料来源：《2018 上海对外文化贸易发展报告》。

### （三）文化服务"走出去"能力持续提升

目前上海在新闻出版、广播影视、文化艺术、数字娱乐等领域已集聚了一批具有较强"走出去"能力的文化创意企业[1]，这些企业通过将文化服务输送到海外以及加快海外布局的方式，使自身"走出去"的能力得到持续提升。

根据《2018年上海对外文化贸易发展报告》统计的数据，2013年文化服务贸易进口额为8.96亿美元，出口额为18.08亿美元，实现9.12亿美元的贸易顺差；2015年文化服务贸易进口额为11.9亿美元，出口额为25.54亿美元，实现13.64亿美元的贸易顺差，贸易顺差持续扩大，文化服务国际影响力进一步提升。把顺差这个"盒子"打开，我们发现以游戏为主的文化创意和设计服务以及广告服务为文化服务贸易顺差贡献了较大的份额。2013年文化创意和设计服务的进出口总额为26.44亿美元，占核心文化产品进出口总额的56.3%，比重最高，并在全球范围内展现出强大的竞争力，直接拉大了上海对外文化贸易的顺差。2015年广告服务实现了13.11亿美元的贸易顺差，占到了2015年顺差总额的96.11%。2017年广告服务实现了13.2亿美元的贸易顺差，广告服务出口上海具有一定优势。

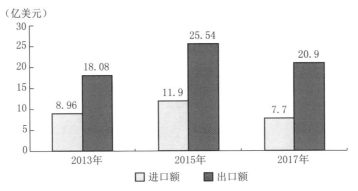

图5-3　2013年、2015年、2017年上海文化服务贸易进口额与出口额

资料来源：《2018上海对外文化贸易发展报告》。

---

[1]　张佑林：《上海文化贸易发展的成功经验与对策研究》，《国际服务贸易评论》第7辑，2013年。

在服务走出去的同时，近几年来，文化企业海外布局的步伐也不断加快。2015 年 5 月，上海文广集团宣布联合东方明珠新媒体战略入股美国顶级虚拟现实公司 JAUNT，并联手战略合作伙伴投入 1 亿美元，共同组成 JAUNT 中国公司。此外，文广集团还与华纳、CMC、RatPac、WPP 等公司达成战略合作，共同出资设立"跨国文化创意投资基金"，从事境内外文化创意、娱乐产品的投融资业务。微鲸科技 2015 年 12 月宣布与东方梦工厂达成全面战略合作，成为国内首家成功运作国际顶级影视 IP 的互联网电视企业。各文化企业通过海外、加强与国际文化企业交流与合作等形式进一步扩大中华文化影响力，提升企业"走出去"能力，进而促进文化服务业更深层次的开放。

### （四）文化服务贸易环境不断优化

#### 1. 文化服务对外开放平台加快布局

近几年来，上海市积极发挥所拥有的区位优势，充分布局各类文化走出去平台和渠道，推动上海文化贸易健康发展。

2008 年 9 月，上海国际文化服务贸易平台正式投入运营，这是国内率先利用"境内关外"的区位优势而建立起的服务贸易平台。平台启动建设十余年间，在推进相关扶持政策落地、文化企业及项目引进，推动文化服务功能拓展和平台文化贸易中心设施建设等方面作出了积极贡献。平台在促进文化服务贸易发展方面进行多项有益尝试，为上海文化服务对外贸易开辟了新的渠道。

2011 年 10 月，我国第一个国家对外文化贸易基地——上海国家对外文化贸易基地落成。截至 2018 年年底，国家对外文化贸易基地（上海）入驻文化企业已超过 1000 余家，累计注册资本超过 547 亿元，基地年文化贸易总额超过 350 亿元，入驻企业涵盖演艺、娱乐、影视、动漫游戏、图书出版、印刷、拍卖、贸易、艺术品经营等各领域。此外，还成立了上海文化贸易语言服务基地、中小手游产品海外推广服务平台、上海动漫游戏服务外包与出口服务平台等，在语言服务、学术研究、海外推广、服务外包等领域搭建起文化走出去的服务载体。[1]

2016 年，上海还组织本市优秀文化企业参加洛杉矶艺术展、布鲁塞尔文化中心媒体活动、法国里昂动漫节、美国 NBA 展、美国国际品牌授权博览会、香港国际授权展等，为上海外向型文化企业搭建起了与国外先进文化企业合作，深入国外文化市场的平台。

2018 年 11 月 5 日，由中国商务部和上海市人民政府主办的首届中国国际进口博览会正式拉开帷幕。展览专设了服务贸易展区，服务贸易板块下的文化和旅游展区，吸引了众多国际高品质的文化 IP 和企业参展，精致多元且文化特色鲜明的展览展示活动，使文化和旅游展区成为首届进博会服务贸易板块中不可错过的亮点。进博会"文化和旅游服务"板块的设立也向世界展示了中国加大文化服务业开放力度、广度和深度的决心。

### 2. 文化服务贸易政策的支持力度加大

在推动文化服务业对外开放的过程中，上海市委、市政府及相关部门充分发挥政府主导作用，强化顶层设计，出台了一系列扶持政策，鼓励文化服务业发展，助力文化服务业"走出去"。上海通过专项扶持资金和相关政策在税收、金融等方面提供支持，基本形成文化走出去的经济政策体系。2013年，上海启动了文化"走出去"专项扶持资金项目，通过出口项目资助、贷款贴息、政府委托、房租补贴、增值税免税等方式，重点扶持新闻、出版和版权、广播、电视、电影、文化艺术等领域文化服务和相关产品的国际贸易，积极扶持网络文化、文化休闲娱乐、广告会展等领域文化服务和相关产品的国际贸易。2015 年，上海出台了《推进文化创意和设计服务与相关产业融合发展的实施意见》，鼓励文化创意、设计服务与贸易融合发展，提升上海对外文化贸易发展能级，支持文化服务业的发展。这一系列政策都显示

---

[1]《上海：用文化向世界传播中国价值》，《光明日报》2019 年 1 月 11 日。

了上海市政府在扶持鼓励文化产品和服务出口发展的力度和决心。[1]

### 3. 自贸试验区助力文化服务业繁荣发展

自 2013 年起，上海借助自贸试验区的一系列政策、制度优势，使得上海文化服务业的对外开放迈出了新的步伐。2015 年 12 月 29 日，国务院批复《上海市开展"证照分离"改革试点总体方案》，《方案》同意在上海市浦东新区开展"证照分离"改革试点，其中涉及出版、影视、演艺、拍卖及广告等多个文化服务业领域。在 2016 年 7 月，国务院还下发《关于在自由贸易试验区暂时调整有关行政法规、国务院文件和经国务院批准的部门规章规定的决定》，允许在全国所有的自贸试验区内设立从事其他印刷品印刷经营活动的外资企业，并且把允许外国投资者、中国台湾地区的投资者设立独资演出经纪机构和允许设立外商独资经营的娱乐场所共两条政策扩展到广东、天津、福建自贸试验区以及上海自贸试验区扩展区域。此次自贸试验区开放文化服务性产业意义重大，可以说对中国整个文化服务性产业带来了颠覆性的影响。上海自贸试验区成为上海文化服务业对外开放政策试点的主战场。

### 二、文化服务贸易发展中存在的问题与瓶颈

服务业开放正成为我国对外开放的重点领域，文化服务业对外开放力度不断加强，取得了很好的成绩，发展潜力和提升空间巨大。但从对外改革开放的总体上来看，我国文化服务业对外开放确实是一个短板，许多瓶颈和痛点需要下定决心攻克。

### （一）文化服务的对外开放度不够

文化服务业开放的领域不够。考虑到文化特有的敏感性因素，目前文化服务业企业还存在所有权和经营范围限制多等问题。个体、私营、外资等非公有制经济投资兴办文化企业，除法律法规禁止或需要前置许可审批的项目

---

[1] 胡云华、郑海鳌：《深化自贸试验区对外文化贸易改革 助力上海文化品牌建设》，《科学发展》2018 年第 3 期。

外，还存在不少影响其发展的体制机制弊端，如不同所有制企业的不平等待遇、经营范围限制、划地区运营限制、市场准入限制、投资领域限制等，这些都十分不利于文化服务业的多元化发展。

目前上海的文化服务出口范围主要面向亚太地区，比如日本、韩国、新加坡、澳大利亚和中国港澳台地区等国家和地区，能够进入欧美地区市场的还很少。我国文化部产业司网站发布的数据显示，在 2011 年世界文化市场的格局中，美国、欧盟、日本、韩国所占比重依次为 43%、34%、10% 和5%，中国仅为 4%，以电视剧为例，2012 年中国电视节目版权输出主要集中在讲华语的国家和地区，或者有大量华人居住的国家和地区。[1] 考虑到文化差异等因素，培育新的海外市场较为困难。

### （二）在文化服务方面没有专项政策扶持

梳理这些年来政府发布的"文化走出去"相关扶持政策可以发现，对于文化服务贸易，政府并没有专设项目给予扶持，旧有的文化产业扶持政策体系基本上都是由其他产业政策照搬到文化产业而来，比如项目资助、贷款贴息等，是基于如何在竞争中发挥"低成本优势"的政策支持。但由于文化服务业有其自身的特点，类似的产业政策可能达不到预期效果。

### （三）文化服务相关统计信息不够完善

随着上海服务贸易的发展，上海市政府对服务贸易的统计工作越来越重视。从 2018 年开始，《上海统计年鉴》统计了服务贸易进出口情况的数据，并且对各服务业的数据进行了细分，但尽管如此，我们也并不能得到文化服务业的具体数据，统计年鉴在"服务贸易进出口情况"一栏中公布了上海"文化和娱乐服务业"的数据，但此口径与前文提到的《上海对外文化贸易发展报告》中的"文化服务"数据口径并不一致。另外《上海对外文化贸易发展报告》只有 2014 年与 2016 年版本，上海市商务委员会国际服务贸易

---

[1]　朱春阳:《中国文化"走出去"为何困难重重？——以文化产业国际贸易政策为视角的考察》,《中国文化产业评论》2012 年第 2 期。

处和上海市发展改革研究院并没有连续编写此报告，并且也没有更新近两年来的最新数据，这给我们进一步关注上海文化服务业的发展情况设置了不少障碍。

### 三、文化服务贸易的政策突破和优化

#### （一）制定上海自贸试验区文化服务进一步扩大开放的路线图

建议抓住自贸试验区机遇，抓住上海自贸试验区新片区建设的政策红利，充分发挥上海自贸试验区文化平台、文化资源、文化政策比如行政审批、金融服务、财税支持等多方面的优势，借平台带来的便利与机会，加快发展文化服务业，壮大文化服务业企业的规模与实力，培育一批具有国际竞争力的外向型文化服务企业。

#### （二）扩大开放广度，拓展开放深度

建议扩大文化服务业走出去半径，扩宽文化服务业的"走出去"的广度。考虑到与我国文化服务业对外联系较为紧密的为中国香港地区，更需要积极培育欧美文化服务业市场。同时，也可以利用"一带一路"建设，积极和"一带一路"沿线国家开展文化服务贸易合作。另外，在扩大文化服务业开放广度的同时，也要拓展开放的深度。建议改变现有的"文化（行业、生产经营环节）负面清单"管理模式，实现向"文化（内容）负面清单"管理模式的转变，在风险可控的前提下，进一步扩大文化服务业的开放领域。

#### （三）理性选择政策扶持的着力点，完善促进文化出口的政策框架

建议结合文化服务业的特点，创新政策扶持方式。比如利用自贸试验区现有的政策和服务空间，挖掘政策潜力。如充分利用自贸试验区"境内关外"海关政策以及保税仓储、保税展示、保税租赁等优势，进一步推进区内经试点认定的文化企业自用进口文化设备全面享受减免税政策，制定适合文化企业的税收优惠政策，进一步落实和实施文化产品和服务出口退免税政策以及建立适应文化企业的外汇政策等。此外，还需制定和完善有关文化贸易

领域的政策，提高文化产业的开放度和市场化程度；打破地区行政界限，加强工商、海关、文化版权管理等部门之间的协调配合，加快文化市场的整合，规范文化市场的秩序，完善文化市场的体系；推出反垄断、知识产权保护、劳动保障等一系列配套政策和法律法规，增加透明度，保证文化服务贸易有序发展。[1]

#### （四）搭建服务平台，实现从"管理"到"服务"的转变

建议通过搭建各类文化服务的信息平台，为自贸试验区文化企业和相关机构提供优质的服务，实现从"文化行政管理"到"文化行政服务"的转变。如在文化贸易领域，可以推动建立国际文化贸易翻译服务平台、国际文化贸易信息平台，健全国际文化贸易企业和产品数据库，优化国际文化贸易研究平台功能，同时搭建国际文化贸易项目战略投资合作平台等。另外，还需继续加强"上海市文化产品和服务进出口统计"及"上海市文化核心产品和服务进出口情况统计"等工作，完善国际文化贸易统计体系。

---

[1] 曾军、段似膺：《扩大自贸试验区文化服务开放，推进上海对外文化贸易发展》，《科学发展》2014年第1期。

# 第六章

# 上海自贸试验区促进服务贸易发展的创新案例

## 第一节 营造国际化便利化贸易环境

上海自贸试验区自挂牌以来，在建设营商环境、营造国际化便利化贸易环境方面做了很多的尝试，极大地促进了自贸试验区企业的便利化及其发展。

### 一、上海阿特蒙医院有限公司

德国阿特蒙集团是一家拥有世界领先技术的专业医院及养老服务运营机构。上海阿特蒙医院有限公司（以下简称"上海阿特蒙医院"）成立于 2015 年，是由德国阿特蒙集团和银山资本在上海自贸试验区成立的第一家国际综合医院项目。

负面清单的实施，极大地促进了内外优势资源的合作。随着上海自贸试验区实施"负面清单"的管理模式和服务业扩大开放，合资合作医疗机构得以落地。德国阿特蒙集团、银山资本有限公司、上海市外高桥保税区三联发展有限公司、上海市外高桥保税区医疗保健中心于 2014 年 7 月 22 日签署了战略合作框架协议，将共同合作在上海自贸试验区内筹建上海阿特蒙医院有限公司，成为落户上海自贸试验区的首家外资综合医院。

贸易便利化措施助力医疗设备耗材进口。在医疗设备和耗材进口方面，上海阿特蒙医院将享受上海自贸试验区的便利进口申报程序与进口货物分拨模式，通过国际直接采购，减少耗材的进口申报时间，在区内享受进口耗材分拨模式所产生的成本优势，形成创新的医疗耗材分拨中心。上海自贸试验区的便利政策还有助于 PET-MR 等高端影像设备的引进落地，形成上海自贸试验区内的医、教、研特色医疗项目。上海阿特蒙医院将参与上海单病种结算医改，以医保价格向社会提供国际级医疗服务，提升国际城市上海的整体医疗水平，惠及中国广大患者。

医疗服务是上海自贸试验区服务业扩大开放的重要领域。阿特蒙医院有限公司作为上海自贸试验区内获批的第一家国际综合医院项目，是我国医疗领域对外开放的有益探索和尝试；同时，对于构建多层次多元化医疗服务体系具有积极的示范意义。

## 二、普华永道商务技能培训（上海）有限公司

普华永道是全球领先的专业服务机构。普华永道商务技能培训（上海）有限公司设立于 2016 年 10 月，是全国首家经批准正式开业的外商独资商务技能培训机构。公司设立后启动了"You Plus"特训计划，针对拥有 0—5 年工作经验的职场新人，全日制为期 12 个月。该项目致力于为中国培养拥有精准自我意识、能够带领企业迅速适应时代发展、个人影响力强大的新一代领袖。

自贸试验区"负面清单"管理模式以及服务业扩大开放措施的相继实施为普华永道培训机构落地提供了便捷条件。上海自贸试验区成立以前，外商从事教育培训只能以中外合作办学的形式来进行，不能独资。受益于"负面清单"和服务业扩大开放措施，首次允许在上海自贸试验区设立外商独资经营性职业技能培训机构，突破了该行业中外合资的条件限制，普华永道率先在上海自贸试验区陆家嘴片区注册并成立了外资职业技能培训机构，启动了非学制类职业培训项目"You Plus"特训计划。[1]

---

[1]《首届中国（上海）自由贸易试验区制度创新经典样本企业案例汇编——普华永道商务技能培训（上海）有限公司》，载搜狐网 https://www.sohu.com/a/224164518_815543，2018 年 2 月 26 日。

"证照分离"改革也助力普华永道业务顺利开展。"证照分离"改革是上海自贸试验区推进简政放权、放管结合、优化服务的重要举措。"证照分离"改革后，对外资职业技能培训机构准入改为备案制，同时首次将该行业许可由审批改为告知承诺制，极大地方便了投资者经营业务的开展。普华永道商务技能培训（上海）有限公司从注册登记、筹建到正式开业历时仅 3 个月，2016 年 10 月 8 日完成工商注册登记后，10 月 10 日向浦东新区人社局申请筹建，在签署告知承诺书后获批准筹建，2017 年 1 月 4 日，经浦东新区人社局批准正式开业。较之以前的审批制，改革后的注册流程短、效率快、透明度高，各环节具有可预期性，真正实现了上海自贸试验区投资便利化和政府职能转变的改革目标，企业充分感受了改革带来的便利。

对于浦东来说，软实力是至关重要的核心竞争力，而"You Plus"项目作为"证照分离"改革后普华永道的创新业务，为加速培养具有社会责任感的未来商业领袖做出了有益的尝试，也是城市人才多元化发展的重要途径。

### 三、上海百家合信息技术发展有限公司

上海百家合信息技术发展有限公司（以下简称"百家合"）于 2013 年 10 月 1 日在上海自贸试验区注册成立，是"上海自贸试验区 001 号"外资备案企业。百家合是东方明珠新媒体股份有限公司（原百视通）与微软公司的合资公司，主要经营范围涉及开发、制作、发行游戏、娱乐应用软件及衍生品产品、电子出版物的零售和批发等内容。

服务业扩大开放政策给外资在华投资游戏游艺设备领域带来了机遇。在上海自贸试验区成立前，游戏机、游艺机生产、销售及服务是禁止外资进入的领域，也不允许设立以游戏机、游艺机命名的外资公司。2013 年 9 月，《中国（上海）自由贸易试验区总体方案》（国发〔2013〕38 号）中提出服务业扩大开放措施——"允许外资企业从事游戏游艺设备的生产和销售，通过文化主管部门内容审查的游戏游艺设备可面向国内市场销售"之后，外资

在华投资游戏游艺设备领域的局面得到了改变。[1]

商事制度改革政策降低了外商投资的行政成本。实施负面清单管理模式后，外资从事游戏游艺设备的生产销售实行备案制而非审批制，因其属于上海自贸试验区负面清单以外的领域；按照工商"先照后证"的登记制度改革，微软可以在取得营业执照后，再向主管部门申请生产经营活动许可。在微软游戏设立过程中，上海自贸试验区推行企业设立"单一窗口"制度，企业用 3 个工作日就完成备案和登记手续，极大地调动了外资投资的热情。

上海百家合信息技术发展有限公司敏锐地抓住了上海自贸试验区扩大服务业开放的这个有利契机，为实现游艺游戏的文化产品在国内外的双向流通做出了积极的努力。百家合的经验由小见大地向社会各界呈现出了上海自贸试验区各项制度的创新性和便利性，具有较强的借鉴意义。

### 四、安靠封装测试（上海）有限公司

安靠封装测试（上海）有限公司（以下简称"上海安靠"）是由美国安靠科技独资设立于上海外高桥保税区的 B2B 企业，从事集成电路独立外包的封装测试业务，属于国家四部委认定的第一批"国家鼓励的集成电路企业"、海关首批"高级认证企业"和"AEO 企业"、上海出入境检验检疫局"AA 类企业"。安靠上海投资总额 6.45 亿美元，在外高桥保税区拥有 17 万平方米的生产基地。

一系列贸易便利化创新措施为企业通关提供了便捷高效服务。集成电路产业的共性之一可形容为"争分夺秒"，上海安靠 95% 以上批次的进口货物通过航空运输，出口的集成电路产品更是达到了 100% 的空运率，客户衡量供货周期往往以小时数来计算。海关、国检等部门推出的"先进后报""区内自行运输""批次进出、集中申报""简化通关作业随附单证""智能化卡口

---

[1]《上海自贸试验区服务业扩大开放 18 项解读》，载第一财经网 https://www.yicai.com/news/3035337.html，2013 年 9 月 29 日。

验放管理""AEO 互认""取消通关单验核""单一窗口""通关一体化"等一系列创新政策为企业提供了快捷便利的同时，也缩短了原料和成品进出境时间，降低了查验率，节省了企业的运行成本。[1] 以"先进后报"为例，使得公司进口的空运货物从原有 2 天缩短到 1 天，海运货物从 6 天缩短至 4 天。出入境检验检疫局取消了二手设备进口前备案的环节，申请受理周期从之前的数月缩短到了 3—5 天，为企业更好更快发展起到了重要作用。

出入境人才新政出台为企业招揽高端人才提供优势。2016 年 2 月，上海自贸试验区出入境办证中心设立了外国人证件业务"单一窗口"，将人社、外专、公安出入境 3 个部门的外国人证件业务办理"三窗合一"，率先建立了外国人证件业务"一窗式受理、一并予以发证"的办理新模式。上海安靠一位外籍管理人员前来申办就业证和居留许可，办理过程让他惊叹："我只来提交了一次材料，一周后就接到通知：居留许可和就业证同时办好了。之前别人告诉我不同证件要去不同部门，办好至少要大半个月，真没想到这么方便！"

上海自贸试验区推出的贸易便利化、人才新政等措施，使上海安靠封装测试有限公司享受到了改革的红利。这正是上海自贸试验区把制度创新作为核心任务，把企业作为重要主体的生动体现，未来将有更多像上海安靠这样的企业享受到上海自贸试验区的政策利好。

## 第二节　服务贸易新业态发展

随着社会和经济的发展，服务贸易已经逐渐成为我国经济高质量发展乃至全球经济增长的重要推动力，新技术、新业态、新模式的创新和发展，促

---

[1]《上海自贸试验区 5 年成绩单："单一窗口"对接世界"上海价格"影响全球》，载搜狐焦点网 https://sh.focus.cn/zixun/58fb690fe378ad67.html，2018 年 9 月 19 日。

使我国服务业扩大开放程度的不断加深，服务贸易正迎来快速发展的重要机遇。对上海自贸试验区来讲，对服务贸易的扶持和帮助同样是提升城市竞争力的重要动力之一。因此，自 2013 年上海自贸试验区成立伊始就针对服务贸易出台了各项政策，也催生了多种服务贸易新业态。

### 一、瑞伯职业技能培训（上海）有限公司

瑞伯职业技能培训（上海）有限公司是国内第一家进行"金融理财规划师"专业培训外商独资经营性职业技能培训机构。受益于投资领域的服务业扩大开放（负面清单）相关政策，公司于 2018 年 9 月正式获得营业许可。上海自贸试验区制度创新为瑞伯职业技能培训（上海）有限公司打开了一扇门，也为国际金融先进教育理念进入中国职业技能培训领域、提升财富管理市场能级铺设了全新的道路。该公司的入驻填补了国际金融领域职业培训的空白，促进了金融创新人才的成长，助力新兴金融产业发展能级的提升，推动上海国际金融中心的建设。公司努力打造成为中国财富管理和财务规划专业的教育和培训领先供应商，经中央广播电视总台、新华社、上海电视台等 40 余家中央、市级媒体宣传报道，产生了良好的社会效应。

### 二、上海东方汇文国际文化服务贸易有限公司

上海东方汇文国际文化服务贸易有限公司是全国首个国家对外文化贸易基地，也是自贸试验区内首家国家版权贸易基地运营机构。为中华文化"走出去"和国际文化"引进来"提供了功能性、专业性的配套服务。依托上海自贸试验区负面清单政策，吸引了一批外商演艺经纪机构、演出娱乐经营场所等项目落地；保税仓库和自用设备免税等政策，助力全球首家海外片库在保税区落地。公司成为促进全国文化产业发展的重要公共服务平台和对外拓展的窗口，成为上海自贸试验区服务业扩大开放的重要标志。

### 三、上海盒马网络科技有限公司

盒马鲜生是在上海自贸试验区"先行先试"机制下培育起来的"新零售"互联网企业。盒马网络科技有限公司成立于 2015 年，是一家以数据和技术驱动的新零售企业。不同于传统在超市进行购买，消费者在盒马鲜生可以直接选择购买农副产品，并当场烹饪享用。

这种"四不像"的新业态对政府的发证和监管带来不小难度。面对这种情况，上海自贸试验区积极解放思想，不断转变政府治理方式，提升政府服务效能，从注重市场准入审批转为注重事中事后监管。因此，上海自贸试验区相关部门没有对盒马鲜生简单说"NO"，而是突破原有做法，积极探索创新，率先颁发"零售＋餐饮"一体的食品经营许可证，把餐饮和食品流通"两证合一"，还首次把互联网功能业态加入食品许可证，使企业可以同时经营卖场、餐饮服务、网络下单配送。这一改革引领了新业态发展，推进了政府监管方式的转变。在盒马迅速开店的同时，政府部门在营业执照办理时同步进行食品经营证的服务指导，缩短取证时间，大大提高了办证速度。此后，盒马模式获得越来越多的认可。这使得盒马鲜生的零售新模式得以在上海自贸试验区生根发芽，逐步向全国推广。

### 四、上海海关拓展自贸试验区功能助力原油期货保税交割业务发展

2018 年 3 月 26 日，以"国际平台、净价交易、保税交割、人民币计价"为创新特点的原油期货在上海期货交易所子公司上海国际能源交易中心开始实施，上海海关发挥自身职能，积极创新原油期货保税交割业务海关监管制度和监管模式，助力保障市场整体运行平稳，成交量和持仓量稳步增长，总体呈现"交易平稳、结算流畅、交割顺利、监查严格、风控到位、舆论正面、服务实体经济功能初步显现"的良好发展态势。

目前在上海期货交易所的所有下单，国际原油供应商可将货物以保税形

式存放于保税交割仓库，无需缴纳进口相关税费。原油期货保税交割推行以来，企业的交易成本和交易风险都得到下降。

开展期货保税交割业务后，允许指定交割仓库同一个储罐存放不同货主的期货保税原油，不设定存储期限，可以充分发挥原油期货作为大宗商品的金融属性。作为我国首个国际化的期货品种，原油期货上市以来的平稳运行和功能逐步发挥，为后续推出更多国际化品种奠定了基础，也为我国期货市场国际化的市场运作和监管积累了经验。为支持原油期货保税交割业务发展，上海海关对标国际先进水平，紧盯企业实际业务需求，开展原油进口全流程研究，完善原油入库通关流程，种好贸易便利化、原油期货国际化试验田。[1]

## 第三节　服务贸易数字化发展

2019年底新冠肺炎疫情的出现，使得各个国家都不可避免地受到了巨大的负面影响，数字化成为对抗经济下行、开拓经济发展新思路的关键所在。目前，全球近50%的服务贸易已实现数字化，这一趋势已成为引领服务贸易蓬勃发展的强劲动力。数字技术的发展是服务贸易继续绽放光彩的核心，它让贸易插上数字化的"翅膀"，让服务跨越时间和距离，展示出其蓬勃的生命力。

### 一、上海药明康德新药开发有限公司

上海药明康德新药开发有限公司是国际领先的开放式能力和技术平台公司，为全球制药及医疗器械等领域提供从药物发现、开发到市场化的全方位一体化的实验室研发和生产服务。通过IT创新和对新技术的运用，不断努

---

[1]《上海金融报：原油期货上市满"周岁"》，载上海金融新闻网 https://www.financialnews.com.cn/shanghai/201903/t20190325_157016.html，2019年3月25日。

力打造数字化业务新模式，帮助企业高速发展并处于行业领先地位。一方面，充分运用人工智能筛查解决方案，自动化分析患者的医疗影像资料，实现疾病的早发现和早治疗，为患者改善生活质量和降低治疗成本作出了卓越的贡献；另一方面，在公司治理层面，通过建立内部物料管理系统，实现了出入库管理全系统化、全电子化，这一系统通过了上海海关的考核认证，取得了 AEO 资质。药明康德的平台上正承载着来自全球 30 多个国家的 3000 多家创新合作伙伴的数千个研发创新项目。信息技术在企业的新药研发赋能平台和生态构建上，有很多创新与独到之处，为公司发展和新的业务模式孵化提供助力。该公司已成为上海，乃至全国传统企业数字化转型的最佳实践案例。

此外，受益于自贸试验区海关保税研发政策，企业实验用进口试剂和耗材清关周期由 4—5 天缩短至 1—2 天，保障了进口物料的高效性和及时性，使得公司的研发业务和国外客户需求基本实现了无缝对接。

## 二、上海保险交易所股份有限公司

上海保险交易所股份有限公司（以下简称上海保交所）于 2015 年 11 月获国务院批准设立，2016 年 6 月 12 日正式开业，由中国保监会直接管理。作为行业基础设施，上海保交所以社会公众的保险服务需求和保险行业的经营管理需求为导向，围绕保险风险交易主线，建设保险、再保险、保险资产以及保险衍生品四大业务平台，搭建多元化的金融配套服务功能，逐步形成创新性、公开性、多层次的保险交易市场体系。

在上海自贸试验区自由贸易账户等创新政策的支持下，上海保交所对自身业务进行数字化转型，顺利搭建再保险、航运、保险招投标、保险资管四大交易平台，借助上海自贸试验区专项发展资金，有效缓解了上海保交所前期平台建设的成本压力，为将交易所模式引入保险业提供了必要的资金支持。

该平台依托上海自贸试验区自由贸易账户体系（FT 账户），可为境内外再保险参与主体提供高效便捷的跨境资金清结算服务。2014 年 6 月，上海自贸试验区正式启动自由贸易账户业务，银行、证券、保险等金融机构和开设自由贸易账户的企业及个人可以接入自由贸易账户分账核算系统，实现跨境金融业务操作；为加快推动以保交所为载体的上海区域性再保险中心建设，作为注册于上海自贸试验区的金融要素市场之一，上海保交所积极对接上海自贸试验区建设，通过开设 FT 账户为国际再保险平台的境内外参与者提供高效便捷的跨境资金结算服务。一方面，FT 账户为境外机构打通自贸试验区与离岸市场之间的通道，吸引境外再保险机构开立 FT 账户，为再保险平台以人民币作为结算主要货币创造了良好环境，有利于进一步推进人民币国际化；另一方面，借助自由贸易账户提高了再保险交易的效率，在一定程度上降低了交易双方的汇率风险，创新了再保险跨境资金结算的模式。

这一平台的上线带来了多方面的益处：一是线下交易线上化，提高交易效率，交易周期可由原来的 2—3 个月缩短至 2—3 天。二是防篡改数字化，使用电子印章和数字证书进行签约，具有加密、防伪、防篡改等功能。三是账户一体化，为参与者提供综合服务支持。四是跨境结算便利化，依托上海自贸试验区自由贸易账户体系，为境内外再保险参与机构提供高效便捷的跨境资金结算服务。五是参与机构国际化，依托全球性风险分散机制，助推再保险市场进一步对外开放。

上海保险交易所股份公司是由国务院批准设立的由中国保监会管理的金融机构，也是上海金融要素市场的重要组成部分，上海保险交易所股份有限公司借助自由贸易账户，为国际再保险平台的境内外参与者提供了高效便捷的跨境资金结算服务，这种示范作用有利于促进国际经济贸易发展，分散风险，加快人民币的国际化进程，使人民币国际地位得到进一步的提升。

### 三、居家费用跨境人民币支付

中国银行上海市分行、中银香港、上海付费通信息服务有限公司联合研究推出沪港两地居家费用电子账单跨境支付平台。该平台可以协助在内地置业的 30 万香港居民和在香港置业的 40 万内地居民实现异地在线缴纳跨境物业费、管理费等相关费用，大大提升了费用支付的便利性。未来通过该平台也可将服务扩展到更多的沪港跨境支付项目，可缴付费用的种类也将在政策许可范围内逐步拓展。

居家费用的支付项目是我国首家且唯一建成的民生类电子账单跨境支付平台。该项目利用自贸试验区人民币跨境支付政策，成功实现沪港两地在线缴付物业费、管理费等民生类费用，且平台的搭建也提供了拓展后续跨境服务的可行性。

该项目提供了人民币跨境资金流动新渠道，有利于促进自贸试验区内电子商务相关领域业务的发展，方便居民跨境缴纳物业费、公用事业费等居家费用，为自贸试验区金融创新和民生服务提供了新的契合点。[1]

### 四、德勤勤跃数字科技（上海）有限公司

四大会计师事务所之一的德勤，将其前沿数字技术公司落地陆家嘴金融城。2020 年 5 月份，德勤勤跃数字科技（上海）有限公司（简称"德勤勤跃"）在陆家嘴开业，这是一家定位高新技术、敏锐捕捉最前沿行业技术的公司，专为客户及德勤自身研发提供数字化创新服务，实现孵化、赋能和颠覆的最佳实践落地。

德勤勤跃数字科技有限公司将定位于数字化资产、高新技术的研发中心和 IP 开发中心，成为前沿技术与市场应用的连接器放大器。德勤勤跃将进

---

[1] 《上海自贸试验区金融创新案例》，载百度文库 https://wenku.baidu.com/view/0eab6ba2561252d381eb6e0e.html，2016 年 5 月 8 日。

一步加快部署德勤数字化战略，深化与政府机构及各行业企业的创新数字化合作，立足中国，链接全球。

未来，德勤勤跃将梳理德勤多年的服务经验和服务模式，集成数字化创新手段，以产品赋能业务，实现创新孵化、技术赋能、产品研发和价值交付的数字化服务模式，积极助力企业实现创新转型。德勤勤跃将通过数字化产品来连接客户，服务包括金融、汽车、医疗和科技等行业。

## 第四节　服务贸易转型升级发展

### 一、浦发银行发布《自贸试验区金融服务方案 7.0》

2020 年 9 月 20 日，浦发银行发布《自贸试验区金融服务方案 7.0》（以下简称《方案》）。《方案》主要由五大跨境核心服务方案、七大行业特色服务方案以及五大片区专属服务方案组成，有效地把上海自贸试验区、上海国际金融中心和科技创新中心进行联动发展，把金融要素和科技要素融合发展，必将会带动金融服务行业的高质量发展。

《方案》促成的金融服务的升级：一是涵盖了跨境贸易、跨境投融资、跨境资金管理、跨境资金避险保值管理和跨境集团供应链在内的五大跨境核心服务，增加了包括 FT 网银、全功能跨境双向人民币资金池、FT 托管、FT 跨境可转债等创新产品及服务，进一步拓展了 FT 账户的应用场景。二是根据新兴行业特征和市场动态，提供了针对金融要素市场、金融同业、科创企业、股权投资基金、融资租赁、大宗商品和跨境电商企业七个行业的特色金融服务。三是结合保税区、陆家嘴、金桥、张江、世博等片区的经济特点和发展热点，升级了针对这五大片区的专属金融服务。其价值主要表现为紧密结合上海实际，围绕上海"五个中心""四大品牌"和深化自贸试验区金融开放创新展开。一是金融业探索"上海服务"的有益尝试，对于商业银行深入参与自贸试验区金融开放创新和加快自身转型发展具有一定的借鉴意义。二是进一步整合了 FT 账户、OSA 账户等境内外账户服务，可以有效满足企业跨境经营的多样化需求。

### 二、在沪首家分行转子行的台资法人银行开业

按照习近平总书记在博鳌论坛上扩大开放的讲话精神，在国家金融管理部门的支持下，上海市梳理形成了两批 23 个对外开放先行先试项目。

2018 年 6 月 11 日，中国银保监会批复同意国泰世华银行（中国）开业，由大陆分支行转制为子行，注册地为上海，注册资本 30 亿元。9 月 10 日，国泰世华银行（中国）正式开业，在沪外资法人银行数量也增至 21 家。

国泰世华银行（中国）的正式开业标志着中国银保监会有关银行业扩大开放举措在上海正式落地，国泰世华银行（中国）是在原先的国泰世华银行上海分行的基础上升级成为法人银行，该行是在沪首家分行转子行的台资法人银行，也是近十年来首家由外资分行升级成为法人银行的外商独资银行。[1]

其应用价值主要表现为：一是有利于提升外资银行的竞争力，吸引更多外资银行在上海集聚，提供更加多元化的跨境金融服务；二是有利于促进中资银行"修炼内功"，加快转型发展，进一步提升国际竞争力；三是有利于深化两岸金融合作，促进两岸金融业的优势互补和共同发展。

### 三、自贸试验区外高桥区域产业转型

2015 年，外高桥培育和扶持自贸试验区企业，引领企业把更多的"复合型"功能安置到保税区，进而打造具有海关特殊监管区域特色的总部经济。据不完全统计，自上海自贸试验区挂牌至 2015 年 10 月底，外高桥区域内新设股权投资等类金融机构 1739 家，挂牌金融机构 135 家；药明康德

---

[1]《上海自贸试验区第 9 批金融创新案例发布》,《新民晚报》2018 年 12 月 20 日。

全球总部和新研发大楼、万国数据三期等定制项目正式启动；蔡司、丰田纺织、保时捷旗舰店和培训中心等总部项目落成启用。通过梳理卖点、产业培育、境外招商等手段，形成了贸易拉动型、服务带动型、离岸服务型等具有自贸试验区特色的跨国公司科技创新生态群落。[1]

通过开拓全程物流业务，推动区域内物流产业链向附加值较高、技术含量高、发展前景好的领域延伸，着力把外高桥保税物流园区打造成全球性物流枢纽。外高桥集团股份 2015 年物业整体空置面积为 20 万平方米，类型主要为多层仓库（厂房），达 18 万平方米。将通过腾笼换鸟、回购物业、改扩建、拆重建等手段，集约利用现有资源，引进适合区域发展的服务业领域新项目，引导区域产业转型升级，形成现代服务业产业布局规划。

### 四、普洛斯中国与临港集团合作

普洛斯是全球领先的现代物流基础设施提供商和服务商，在亚洲开发、运营和管理的资产体量市场第一。

普洛斯与临港集团的合作始于 2004 年，双方共同投资并开发了总建筑面积达 83 万平方米的普洛斯临港国际物流园，是国内规模最大、设施最先进的海港物流园，服务汽车及零部件、高端制造业、第三方物流等行业的客户，形成了产业集聚效应，为上海临港产业进一步结构升级打下了坚实基础。

2020 年 6 月，普洛斯与临港集团旗下的上海临港浦东新经济发展有限公司成立新的合资公司，携手打造临港智能制造配套基础设施。这是普洛斯与临港集团在过去 16 年密切合作的基础上展开的战略合作，重点在于上海自贸试验区临港新片区产业转型升级和产城融合，双方将在金融服务、智慧化科技、供应链整合等方面进一步合作，以数字化、智能化产业发展平台助

---

[1]　见外高桥 2015 年年度报告。

力临港新片区经济建设。

上海自贸试验区临港新片区目前已形成"国际创新协同区＋现代服务业开放区＋特殊综合保税区＋高端产业引领区＋国际社区"五区联动，未来将凭借空港、海港等便捷的多式联运，以及自贸试验区新片区平台政策优势，为企业发展创造更好的条件。普洛斯是临港集团的老朋友，在自贸试验区新片区新政策新机遇下，双方共同打造的临港智能制造配套产业园项目作为高端产业引领区的重要组成部分，将助力临港新片区形成大型产业基地，打造创新开放新高地。

## 五、沃尔沃融资租赁（中国）有限公司

沃尔沃集团成立的沃尔沃融资租赁（中国）有限公司（以下简称沃尔沃融资租赁），系上海自贸试验区扩区后第一家融资租赁兼商业保理的外商独资企业。该公司的成立，不仅有助于打通沃尔沃集团旗下各品牌产品在各行业的上下游通道，而且对提高融资租赁服务能级、拓展业务范围亦有所帮助。

沃尔沃融资租赁是沃尔沃集团旗下沃尔沃（中国）投资有限公司在上海投资设立的外商独资企业，隶属沃尔沃金融服务事业部，主要从事融资租赁和租赁业务，为沃尔沃集团在中国的经销商和终端客户提供融资服务。沃尔沃金融服务在华业务的融资租赁交易模式主要为直接租赁和回租租赁，租赁设备主要为沃尔沃建筑设备、沃尔沃卡车等。同时，根据业务需要，沃尔沃融资租赁还能提供批发销售及与主营业务有关的商业保理服务。

融资租赁和商业保理的结合，将有助于打通沃尔沃集团旗下各品牌产品在各行业的上下游通道，具有行业带动作用，对提高融资租赁服务能级、拓展业务范围也有很好的促进作用。该项业务得以开展实施，正是得益于自贸试验区的政策开放。

上海自贸试验区更具灵活性和创新性的政策，有助于优化沃尔沃集团的

资产配置和资金结构。通过人民币资金池，沃尔沃融资租赁不仅能拓宽集团的人民币资金回流通道，加强集团在全球范围内对资金的统筹调配和资金监控能力，跨境人民币资金调度也更为自由，在实现资金集中运营的同时节约集团资金使用成本。自贸试验区不断创新相关融资政策，相信会拓宽公司境内外多元化融资渠道，解决集团资金集约化管理问题，为沃尔沃集团在中国的业务转型升级作出贡献。

## 第五节　建设服务贸易发展的平台体系

### 一、上海张江智慧医疗知识产权运营平台

上海张江智慧医疗知识产权运营平台成立于 2015 年，作为上海自贸试验区首个生物医药领域的中间角色，它构建了生物医药"IP"（知识产权），其致力于跨境生物医药交易、协作科研、二次开发以及最终的产业化，力促中国生物医药智慧"奔跑进入科技全球村"。

上海张江智慧医疗知识产权运营平台促成了多个新的生物医药产品的产生。以尿毒症相关治疗药物为例，法国科研人员最新研发的一款生物酶芯片让精准透析成可能，将该生物酶芯片置于患者的血液中，就可实时监测血透的效果。该药物成为该平台上首个中法合作的"IP"项目，由法国多赛诺贝尔奖实验室与中兴生物医药产业公司签署合作开发协议。中法双方协定将就这项技术共同在中国申请专利，并共同进行"二次开发"与临床试验，最终共享该技术在全球的知识产权。这样的合作项目也在不断增加，有效促进了上海生物医药领域的快速发展。[1]

此外，还建设了科技产品交易的"虚拟交易市场"。好的科技产品必定走国际化产业道路，需要得到国际性创业者和创新者的认同，其要面对的天

---

[1]《生物医药产业：让生物医药创新点子闪耀全球》,《文汇报》2015 年 9 月 29 日。

使投资人可能在地球的另一端，合作科研伙伴也可能遍布全球。上海张江智慧医疗知识产权运营平台有效推动了推动浦东的企业与海外高端技术转移机构、科研机构、企业的跨境知识产权交易。该平台专注智慧医疗领域知识产权的运营、管理、交易与综合服务，类似于提供嫁接技术与市场的专业"技术转化经理人"，开创了线上线下融合的新模式，让知识产权在交易与运营中创造新的技术与商业价值。

"跨境交易"促创新齿轮永动，也即"二次开发，全球共享"，这也是当下"科技全球产业化"的发展趋势。对国内企业来说，以前由于没有这样的产业转化平台，导致了创新成果转化存在一定难度，如今这一平台不仅能让国内企业引进国外技术合作开发，还能把我们的好成果送出去。"跨境交易"不是终点，而是"二次开发"与跨境科研协作的起点。[1]

### 二、上海自贸壹号生命科技产业园

上海自贸壹号生命科技产业园位于上海自贸试验区核心区域——外高桥保税区巴圣路 160 号。园区总占地面积 51245.9 平方米，总建筑面积 142250.7 平方米，由 10 栋研发＋办公独栋组成。园区以天然的"保税"＋"自贸"叠加优势、合理的空间配置、优美的自然环境及独特的医疗器械产业服务，打造了上海自贸试验区医疗器械保税研发创新高地。为促进生命科技产业的发展，园区建立了多样化平台以提升企业交流和发展。

### （一）公共研发实验室平台

旨在为入驻企业提供开放式服务，主要通过对实验仪器的整合集成、优化配置、合理布局、开放共享，提高仪器设备资源的使用效率，降低企业科研成本。在企业的产业研发上，平台提供交叉学科技术专家支持，进行技术指导，人员培训等。

---

[1]《生物医药产业：让生物医药创新点子闪耀全球》，《文汇报》2015 年 9 月 29 日。

### （二）合规化注册管理平台

不仅涵盖医疗器械的传统注册临床服务，更着眼于产品的早期项目立项、注册申报策略、研发策略的咨询和拟定，实践对客户的前瞻性服务价值，并在工作的各个环节做到可溯源，有备份，全合规。

### （三）CDMO委托生产服务平台

医疗器械注册人制度下医械产品的CDMO服务，包括工艺验证、中试转化、委托生产、委托检验、生产体系文件撰写的一站式解决方案，极大降低了科创企业产品销售前的投入成本和合规性风险。

### （四）供应链管理合规化平台

整合园区所有原料的合规化供应链管理，既是资金的供应链管理，也是信息的供应链管理。供应链管理的合规化最终做到一切可溯源，一切有备份，一切全合规。市场推广方面，园区与众多大众媒体和行业专业媒体建立长期合作关系，和各类医药、医疗器械经销商服务平台建立了良好的合作伙伴关系，可以帮助入园企业快速对接销售渠道。

### （五）投融资人力资源平台

园区联合知名产业基金自建投资基金，共同为优秀入驻项目提供融资服务，入驻项目经专家委员会评估决策后，可获得基金投资。园区与上海健康医学院、上海理工大学建立大学生实习基地，并开展医疗器械专业人才培训合作关系，可为企业输送优质专业人才。

同时，该园区的发展也离不开上海自贸试验区的政策支持，主要包括：一是自用设备减免税。进口自用设备可以享受免征海关关税（5%左右）及部分进口环节增值税。二是保税研发手册。进口试剂耗材可以保税状态进行核销，无需缴纳海关进口环节税收。三是总部企业。享受企业所得税、增值税、个调税财政补贴，高级管理人员办理多年工作签证，通关便利化措施等。四是在全国率先试行医疗器械上市许可持有人制度。五是园区享受上海市自贸试验区＋保税区叠加政策优势，享受"先进区、后报关"模式，特殊生物制品入境开辟"绿色通道",缩短 80% 检疫时间。六是上海市质量监督检验中心医疗器械检验所、上海市口岸药品检验所就近提供服务。

### 三、上海黄金交易所设立国际板

金融市场平台的开放创新,代表性的案例为 2014 年 9 月上海黄金交易所国际板的正式启动。目前已上线三个可在自贸试验区交割的现货黄金合约,其分别是:交易单位 100 克和 1 千克,成色 99.99% 的 iAu100、iAu99.99,以及交易单位为 12.5 千克、成色 99.5% 的 iAu99.5。金交所单独设立了一个黄金保税交割仓库,为进口和转口黄金提供交割、仓储保管、清算、物流等配套服务。在自由贸易账户框架下,离岸资金可以在自贸试验区内参与国际板交易,也可以参与上海黄金交易所主板所有合约交易。

其突破点在于:第一是会员国际化。自贸试验区内和境外国际知名商业银行、专业投资机构、黄金精炼企业均可参与。第二是交易资金国际化。在自由贸易账户框架下参与人民币报价的黄金等贵金属交易,实现离岸资金与在岸资金的融合。第三是定价国际化。形成有国际影响力的"上海金"人民币黄金定价机制和实物交割标准。第四是储运和交割国际化。促进上海成为亚太黄金转口中心。[1]

境外投资者以离岸人民币参与上海黄金交易所黄金市场交易,是国际板的核心。投资资金既包括自贸试验区内的离岸资金,也包括自贸试验区外的离岸资金;既包括离岸的人民币,也包括离岸的可兑换货币。上海市金融办表示,以人民币计价交易,进行黄金保税分割,对于在沪金融市场利用自贸试验区创新优势,推进面向国际的金融交易平台建设,扩大金融市场开放有重要借鉴意义,也有利于增强上海国际金融中心的集聚能力,提升上海国际金融中心的定价影响力。

---

[1] 《自贸试验区金融创新案例 3 篇》,载 http://www.kj-cy.cn/article/2015711/89347.htm,2015 年 7 月 11 日。

交通银行、上海银行等多家银行通过上海黄金交易所国际板成功完成首笔黄金实物进口业务。银行普遍反映，进口通道通畅、通关效率较高，已成为商业银行进口黄金的新渠道。

另外，原油期货交易的方案已经形成，并得到国务院批准。此外，上海证券交易所在上海自贸试验区设立国际资产交易的平台，中国金融期货交易所、中国外汇交易中心、上海清算所、上海股权托管交易中心，也在研究如何利用自贸试验区的优势，设立面向国际的金融交易平台，或者是开展面向国际的金融交易业务。这几个要素市场的交易的平台和业务，促进了自贸试验区的大发展。

推动上海黄金交易所交易价格从区域性的价格逐步向国际性的价格转变，形成有国际影响力的"上海金"，有利于促进我国黄金市场发展、人民币国际化和上海国际金融中心建设。[1]

### 四、上期标准仓单交易平台上线

2018 年 5 月 28 日，上海期货交易所上线上期标准仓单交易平台，为实体企业提供交易、结算、交割、仓储与风险管理等一站式服务。首批推出铜和铝两个品种的标准仓单交易业务，首日成交 123 笔，共计仓单 867 张，成交 21675 吨，成交额 4.77 亿元。

上期标准仓单交易平台，一是打造了期货标准仓单线上交易、结算、交收的统一平台；二是建立标准仓单授权流转体系，为期货服务现货、期现联动探索了可行的、坚实的一步。建立了交易商直接参与的交易模式，改变了传统的期货经纪代理模式；三是建立标准仓单线上融资体系，通过与银行合作，在业务和产品上创新，解决中小企业融资难问题，降低银行的存货融资风险；四是建立标准仓单交易、融资和场外衍生品于一体的场外商品市场体

---

[1]《自贸试验区第三批金融创新案例发布（附 9 大案例）》，载百度文库 https://wenku. baidu.com/view/6023a01431b765ce0508149a.html，2014 年 12 月 15 日。

系，与场内期货市场协调发展，构建完善的商品市场体系。

该平台的应用价值，一是有利于推动期货与现货的协调发展，使期货市场更好地服务于国家战略，服务于实体经济发展；二是有利于优化大宗商品市场融资体系结构，改善大宗商品仓储行业信用，助推中小企业发展；三是有利于推动上海大宗商品多层次市场的建设和发展；四是有利于争夺和巩固大宗商品市场的国际定价权。

## 五、首届中国国际进口博览会服务贸易展区

在进博会服务贸易展区，浦东新区有 50 多家企业参展，其中经认定的总部企业达 9 家，借助首届进博会这一平台，这些服务贸易领域的跨国企业正积极布局和拓展中国市场。

索迪斯于 1995 年进入中国，在中国服务业刚刚起步的时代，引领实施当时在欧美市场业已成熟的"服务外包"模式，并坚持"将全球视野融入本地实践"，逐步拓展其综合设施管理市场。目前，位于浦东新区的上海索迪斯管理有限公司同样也已被认定为跨国公司地区总部。

2018 年的首届进博会提供了一个绝佳的舞台，让企业得以展示生活质量服务的专业能力和创新型解决方案，与中国合作伙伴进一步联结、沟通、合作。通过与中国企业加强合作，索迪斯致力于推动中国生活质量服务的创新及技术发展，助力中国提升其服务贸易的国际地位。

借助首届进博会拓展中国市场的跨国公司还有 TUV 莱茵，这家国际上领先的第三方检验、检测、认证服务机构，其关联公司图诺德恩梯基车辆检测技术服务（上海）有限公司同样位于浦东新区。

首届进博会为企业提供了平台，展示产业链参与者合作双赢的成果；同时也是一个契机，为进出口企业就对外贸易以及产品推广提供现场交流机会。在首届进博会期间，TUV 莱茵正式发布了《工业 4.0 贴近度评估体系》，从检测认证的角度帮助制造企业快速评估工业 4.0 贴近度，帮助制造工厂快速融入工业 4.0 时代，通过"质"胜引领"智"胜。

# 第七章

# 上海自贸试验区促进服务贸易高质量发展探索

为了深入贯彻落实《中共中央、国务院关于支持浦东新区高水平改革开放打造社会主义现代化建设引领区的意见》《中共中央、国务院关于推进贸易高质量发展的指导意见》等一系列指示精神，从上海自由贸易试验区的实际情况，结合把上海建设成为国内大循环的中心节点和国内国际双循环的战略链接重要支撑的国家战略的宏观把握，在服务贸易方面，上海自由贸易试验区必须百尺竿头更进一步，力求在一个比较短的时间里，持续提升服务贸易质量，形成结构更加优化、功能更加完善、效益有效提升、实力更加强大的高质量服务贸易，力争服务贸易营商环境早日进入世界高标准行列，引领带动上海"五个中心"建设，更好地服务全国大局和带动长三角一体化发展战略实施。现就推进上海自由贸易试验区服务贸易高质量发展探索，提出如下思路。[1]

## 第一节　完善市场规则和建设高水准的营商环境，健全法治政府

### 一、进一步完善市场规则和建设高水准的营商环境

优化营商环境是加快政府职能转变的显著标志。因此，中国经济治理法治化进程正在加快提速，多个重磅法律法规落地生效。例如 2020 年开始实

---

[1]　相关细分领域请查阅本书相关章节内容，这里仅仅是从总体上来展开的。

施的《优化营商环境条例》《中华人民共和国外商投资法》，相关配套法规正在加紧制定。以《优化营商环境条例》为例，其在持续推进"放管服"等改革的基础上，为了持续优化营商环境，重点针对中国营商环境的突出短板和市场主体反映强烈的痛点、难点和堵点问题，对标国际先进水平，从完善体制机制的层面作出相应规定，从制度层面为优化营商环境提供更为有力的保障和支撑。2020年4月《上海市优化营商环境条例》颁布，明确指出："为了持续优化营商环境，激发市场主体活力，维护市场主体合法权益，推动经济高质量发展，推进政府治理体系和治理能力现代化建设，将上海建设成为卓越的全球城市、具有世界影响力的社会主义现代化国际大都市，根据《优化营商环境条例》等法律、行政法规，结合本市实际，制定本条例"，进一步界定了"营商环境，是指企业等市场主体在市场经济活动中所涉及的体制机制性因素和条件"，要求"优化营商环境应当坚持市场化、法治化、国际化原则，以市场主体获得感为评价标准，以政府职能转变为核心，以'一网通办'为抓手，全面深化'放管服'改革，践行'有求必应、无事不扰'的服务理念，对标最高标准、最高水平，打造贸易投资便利、行政效率高效、政务服务规范、法治体系完善的国际一流营商环境，为各类市场主体投资兴业营造稳定、公平、透明、可预期的发展环境"。由此可见，上下形成共识，关键在落实。因此，就需要我们从以下几个方面着手：一是要在国家法律法规和高标准国际贸易协定框架下，进行创新体制机制的完善、强化协同联动和法治保障，进一步完善政府机构职能体系，更好地发挥政府职能优化协同高效的作用，进一步向社会有序开放民生保障、公共服务、市场监管等领域政府数据，主动全面地落实政务公开，为市场主体投资兴业营造稳定、公平、透明、可预期的良好环境。二是健全产权保护机制和加快制度集成创新。要进一步加强市场主体保护，要保障市场主体依法平等使用生产要素和依法平等享受支持政策，保护市场主体经营自主权、财产权和其他合法权益，积极参与建立全国统一的市场主体维权服务平台等，不断提升政府的公信力和执行力。加大《上海市反不正当竞争条例》(2020 年修订版) 的落实力度，争取地方性立法早日结出更多促进公平竞争的果实。三是建立健全包容审慎监管制度，明确界定市场主体轻微违法违规经营行为的具体情形，对其轻微违法违规经营行为，应实行包容审慎监管制度，并依法不予行政处罚。四是要优化政务服务流程，进一步全面推进"放管服"改革，不断优化市场环境。继续在压减企业开办时间、保障平等市场准入、维护公平竞争市场秩序、落实减税降费政策、规范涉企收费、解决融资难融资贵、简化企业注销流程等方面进行深度创新。五是要加强法治保障，规范和创新监管执法。在听取市场主体意见的基础上，要进一步推动相关法律法规政策的立改废和调整实施。进一步规范和创新监管执法，就必须依法行政，加大执法力度。六是逐步完善企业信用风险分类监管制度。七是构建覆盖企业全生命周期的服务体系，在企业开办、融资信贷、纠纷解决、企业退出等方面持续优化营商环境。八是建立健全公平竞争工作协调机制，加大执法力度，预防和制止市场垄断和滥用行政权力排除、限制竞争的行为和不正当竞争行为，营造公平竞争的市场环境。特别是要保障中小企业公平参与市场竞争，支持中小企业创业创新，为中小企业健康发展提供卓越的营商环境。九是逐步建立营商环境监测网点，成立专门组织负责收集、反映市场主体对营商环境的诉求和持续开展营商环境评估，及时发现存在问题，并加以有的放矢的整改，推动优化营商环境精准施策。十是依法深化行业协会、商会和中介机构改革，充分发挥行业协会、商会和中介机构的作用。十一是进一步健全完善地方性法规。根据上海自由贸易试验区建设的急需，加快建立与之相适应的地方性法规框架。进一步完善多元化商事纠纷解决机制，探索建立与国际接轨的仲裁规则。十二是出台上海自由贸易试验区重大风险防控条例，内容涉及贸易、投资、金融、税收、房地产、数据流动、国家安全、意识形态、公共卫生、生态环境等领域风险防控。十三是健全市场主体自律、业界自治、社会监督、政府监管互为支撑的监管体制，提升开放条件下的公共治理能力，使市场和社会既充满活力又规范有序。

## 二、持续完善和提升政府治理水平，建设健全法治政府

服务贸易高质量发展的基础，迫切需要进一步建设健全法治政府，力求形成职责明确、依法行政的政府治理体系，持续完善和提升政府治理水平。

党的十八大以来，从中央到地方，都非常重视进一步建设健全法治政府。随着中国深化改革和全面依法治国不断深入，国家治理体系和治理能力现代化成为追求的目标。经济治理持续推进供给侧结构性改革、"放管服"改革等，特别是以深化行政审批制度改革为突破口，推进"放管服"工作，在降低企业、组织和个人的交易成本，促进经济健康有序发展等方面，取得了显著成效，不断完善经济主体间的治理关系，进一步降低了企业运行成本，促进企业公平竞争，经济治理关系得到改善，法治政府建设全面提速。因此，完善经济治理体系在国家治理体系中，已变得越来越重要。《中共中央关于制定国民经济和社会发展第十四个五年规划和二〇三五年远景目标的建议》，明确提出要"加快转变政府职能。建设职责明确、依法行政的政府治理体系"，"国家治理效能得到新提升"。特别是《中共中央、国务院关于支持浦东新区高水平改革开放打造社会主义现代化建设引领区的意见》，更是对上海自由贸易试验区寄予厚望："到2035年，浦东现代化经济体系全面构建，现代化城区全面建成，现代化治理全面实现，城市发展能级和国际竞争力跃居世界前列"，成为"现代城市治理的示范样板。构建系统完备、科学规范、运行有效的城市治理体系，提升治理科学化、精细化、智能化水平，提高应对重大突发事件能力，完善民生发展格局，延续城市特色文化，打造宜居宜业的城市治理样板"。因此，上海自由贸易试验区要在建设健全法治政府、持续完善和提升政府治理水平方面需要进一步加大力度。

一是必须进一步树立正确的政绩观。这要求自贸试验区干部必须要有敏锐的政治洞察力和扎实的业务素养，不忘初心地保持战略定力，按照客观规律办事，立足当下，谋划长远，排除各种干扰，持续不断的学习和调查研究，不断提升自己的综合能力，成为行家里手，有所作为，才能够有条不紊地开展工作，为上海自贸试验区服务贸易高质量发展奠定高质量发展的基石。二是进一步完善干部选拔任用机制，不拘一格而又公平公正公开地选拔干部，激励干部主动担当和作为。三是进行全球化人才的招聘，得天下英才而用之，进一步弥补干部队伍的国际化人才的不足。四是建议组建自贸试验区内外法规政策统筹工作委员会，不断完善相关法规政策协调机制，破解上海市内的内耗，形成公开、透明、竞争中立和符合国际高标准的贸易规则规定的一致性原则的法规政策生态环境，综合执法协调和联动工作机制进一步强化，逐步推进适用法规政策走向统一，形成统一的法规政策环境，推动自贸试验区的高质量发展。五是进行制度创新集成，形成经济治理、城市治理、社会治理统筹推进和有机衔接的现代城市治理生态体系。六是进一步完善容错纠错机制，对在法治框架内积极探索中出现失误或者偏差有关单位和个人依，依法予以免责或者减轻责任。用更加完善的制度，营造鼓励创新、宽容失误的氛围，让改革创新者有一个良好的成长环境，为完成中央赋予的"现代城市治理的示范样板"奠定基础。七是需要进一步深化简政放权、放管结合、优化服务的改革深度，推动社会治理和资源向基层下沉，强化街道、社区治理服务功能，打通联系服务群众"最后一公里"，特别是让企业、社区居民和企业员工直接感受到基层治理水平的提升，为加快政府职能的转变进一步夯实基础。八是争取早日全面实行政府权责清单制度，不断完善企业、居民和其他社会组织深度畅通参与政府政策制定和监督的渠道，形成良好的共建共治共享的社会治理格局，提高企业、居民和其他社会组织满意度的要求。九是深化政务公开，深度推进政务服务标准化、规范化、便利化。进一步健全重大政策事前评估和事后评价制度。十是加速自贸试验区治理体系的现代化和进一步提升治理能力，强化法治政府建设的科技支撑作用，特别是数字法治政府的建设，进一步推进政务数据有序共享，全面加强依法行政能力建设。十一是进一步完善突发性事件和公共卫生应急管理体系，提升救援速度和质量。

### 三、进一步创新政府公共服务供给模式，健全接诉即办机制

以一网通办、政府热线等方式为抓手，加速推进公共服务供给模式的创新转变，进一步构建系统完备、科学规范、运行有效的城市治理体系，提升治理科学化、精细化、智能化水平，彰显以人民为中心的发展思想。也就是从被动应付，到主动作为，提高人民群众的获得感，提升社会治理能力和社会事务科学化、精细化和智能化水平，促进社会治理能力和体系的现代化。一是创新政府服务管理方式。在一网通办、政府热线等方式的基础上，建立"首接负责制"工作机制，规范相关政府部门和承办部门在统筹协调过程中的权利和责任，并纳入考核范围。二是形成解决问题导向的领导体系和工作机制，规定必要的完成时间等可以量化的考核要素。三是运用大数据分析，主动对教育、医疗、住房、交通、市政、养老、小区管理、城市环境、劳务和消费纠纷等民生痛点和治理堵点采取联合行动，主动治理，从源头弥补社会服务供给的薄弱环节。四是建立有效的监督机制，加速推进社会服务供给法治化。五是在条件成熟的基础上，出台地方法规，以法律来保障接诉即办的持续性，让居民享受到更加便利的公共服务供给。六是扩大民生服务地域范围和提升居民生活品质。推进上海市和长三角民生服务热线联动和政务服务、便民服务网上通办等方式的联通，提前规划统筹协调和均衡高质量优质教育、医疗、养老等优质资源供给，增加高质量和国际化教育、医疗，不断提高公共服务优质化水平。有的放矢地补足短板，构建创新的依据常住人口配置公共服务资源的新机制，让同一社区居民均衡地享有高质量优质公共资源。

## 第二节　高水平改革开放，打造社会主义现代化建设引领区

《中共中央国务院关于支持浦东新区高水平改革开放打造社会主义现代化建设引领区的意见》明确提出，浦东要做"更高水平改革开放的开路先锋。坚持系统观念，加强改革举措的有机衔接和融会贯通，推动各项改革向更加完善的制度靠拢。从要素开放向制度开放全面拓展，率先建立与国际通行规则相互衔接的开放型经济新体制。在浦东全域打造特殊经济功能区，加大开放型经济的风险压力测试"[1]。加上中国签署的《区域全面经济伙伴关系协定》(RCEP)，助力上海自由贸易试验区进一步提高建设标准，加速构建开放型经济新体制。RCEP 的目的就是"共同建立一个现代、全面、高质量以及互惠共赢的经济伙伴关系合作框架，以促进区域贸易和投资增长，并为全球经济发展作出贡献"。

### 一、确立高水平改革开放、打造社会主义现代化建设引领区的新目标

《中共中央国务院关于支持浦东新区高水平改革开放打造社会主义现代化建设引领区的意见》提出新的发展目标："到 2035 年，浦东现代化经济体系全面构建，现代化城区全面建成，现代化治理全面实现，城市发展能级和国际竞争力跃居世界前列。到 2050 年，浦东建设成为在全球具有强大吸引力、创造力、竞争力、影响力的城市重要承载区，城市治理能力和治理成效的全球典范，社会主义现代化强国的璀璨明珠。"由此可见，实现目标任重道远，需要以只争朝夕的精神加以努力。因此，上海自贸试验区更应该做更高水平改革开放的开路先锋，成为自主创新发展的时代标杆、全球资源配置的功能高地、扩大国内需求的典范引领和现代城市治理的示范样板，"构

---

[1]　参见《中共中央国务院关于支持浦东新区高水平改革开放打造社会主义现代化建设引领区的意见》。

建系统完备、科学规范、运行有效的城市治理体系，提升治理科学化、精细化、智能化水平，提高应对重大突发事件能力，完善民生发展格局，延续城市特色文化，打造宜居宜业的城市治理样板"。

事实上，上海自贸试验区改革创新在围绕上述领域做了大量的创新工作，特别是涉及自贸试验区的创新，基本上以程序性创新和便利化创新为主，即从过去要素商品市场的开放赛道，创新转型为制度型开放的赛道，对接 RCEP、中欧全面投资协定（CAI）、CPTPP 国际高标准，不断完善创新相关法规、制度和政策等。特别是上海在劳工标准、竞争中立、知识产权保护、服务贸易等国际高水平规则、规制、管理、标准等议题的对接、配套和试验方面，还有亟待提升的巨大空间，需要进一步创新和完善相关的法律法规政策和制度，才能够为引领区的建设奠定基础。

## 二、创新上下级管理体制，形成高水平组织协调工作机制

一是要真正有效地形成"中央统筹，市负总责，自贸试验区落实"的组织协调工作机制。鉴于《中共中央国务院关于支持浦东新区高水平改革开放打造社会主义现代化建设引领区的意见》的落实中，一些事项涉及国家层面事权协调的推动，建议由中央政府的相关部门牵头，根据需要不定期召开有关中央政府部门参加的协调推进会议，建立组织协调机制，形成"中央统筹，市负总责，自贸试验区落实"的组织协调工作机制，协调解决引领区建设进程中涉及中央事权的法律法规、制度性、政策性问题和跨地区、跨部门、跨行业、跨领域事项的协调，通过综合授权、清单授权和批量授权方式，积极推动有关方面为建设上海引领区提供有力的支持，赋予上海自贸试验区更大的改革自主权和综合性、一揽子授权，贯通制度体系，形成政策放大效用，为引领区完成既定任务奠定必要的协调推进基础，为国家全面深化改革、扩大开放提供更多的创新经验。二是组建专门的班子，要平心静气地对照对 RCEP、CAI、CPTPP 等国际高标准和其他国家、地区的优秀

实践经验，根据相关部门的职责分工合作，分门别类地对口进行系统性梳理，按照上海自贸试验区具备实施条件的难易程度，责成相关部门及早进行准备，创造条件，及早试点实施。三是深化重点领域改革。必须进一步在一流营商环境、房地产调控、执法力度、大力引进外资、人才等重点领域激发活力，破解一些习惯性存在的体制性、机制性梗阻。四是要创新与上级部门的关系，实施有效的向上管理。在事关全局的政策上，及时组织力量研究拟订有关政策的建议稿，通过上海相关部门及时上报有关部委负责同志甚至中央，专人盯住，对接协调，加快沟通节奏，打好提前量，积极参与有关部委政策和清单调整工作，力求及时推出相关政策的出台，使之更加符合上海自贸试验区的发展需要。五是进一步强化同级协调管理和向下管理，做好相关政策出台的实施措施的人、财、物等方面的准备，保障相关政策一旦出台之后，能够在上海自贸试验区可以立即落地生效，产生良好的社会效益和经济效益。六是健全包容审慎的改革风险分类分级管控机制，营造良好的改革氛围，鼓励公务人员参与到相关的改革试点的工作之中。七是一旦条件成熟，就迅速加以总结经验，辐射长三角和全国，努力把上海自贸试验区打造成为亚洲、全球贸易和投资自由化标准最高的自贸试验区。

## 第三节 建立公平公正透明统一的人才标准，聚集国内外人才

得人才者得天下，失人才者失天下。过去上海自贸试验区以开放包容的风格，吸引聚集了五湖四海的人才，取得了有目共睹的成就。但上海在聚集国内外人才方面还存在许多不足，面对国内外对人才的需求，需要采取新的举措，进一步形成自贸试验区与人才"互吸效应"的良性循环，携手国内外、市内外高质量人才，充分运用打造引领区的时代契机，筑巢引凤，建构全球国际人才配置中心，则成为上海自贸试验区责无旁贷的使命。同时，上海市在人才工作方面，要注意和中共中央组织部、人力资源和社会保障部、

科技部、教育部、国家移民管理局、财政部、海关总署、税务总局、公安部相关部门进行沟通协调，争取获得上述机构的支持和授权。

**一、打破各自为政的人才引进工作现状，建立公平公正透明统一的标准**

目前上海自贸试验区不同片区及上海市各个区政府的人才引进工作，"八仙过海，各显神通"，纷纷出台了自以为最好的人才引进工作的政策，片面追求各自利益最大化，相互之间展开竞争，不仅增加内耗，而且不符合国际高标准的贸易规则规定的一致性原则。因此，需要上海自贸试验区和上海市相关政府部门各司其职，要求人社、公安、科技、教育、国资等部门，按各自职责，协商解决这一问题，形成公平公正透明统一的人才引进标准，按照程序规范、公开透明、便捷高效的原则，实现上海自贸试验区统一的政策依据、统一的核准条件、统一的信息管理，打破上海自贸试验区不同片区及上海市各个区人才引进的混乱局面，营造更好的、符合高标准国际规范的人才引进机制。通过整合各相关部门系统，建构统一的非盈利性人才引进业务公共服务平台，才能够为自贸试验区高质量人才引进、打造高质量的引导区和建构全球国际人才配置中心奠定坚实的基础。

**二、深耕细作，吸引和培育并举**

在上海自贸试验区公平公正透明统一的人才引进标准下，需要政府相关部门深耕细作，精益求精，采取吸引和培育并举的措施：一是出台上海自贸试验区人才分类标准和认定办法，建立公平公正透明统一的人才引进标准。二是让不同层次的人才各得其所，就需要进一步完善人才支持体系，形成发挥顶尖人才引领作用、领军人才着力培育、企业人才不断壮大、紧缺产业人才大力集聚、创新创业人才着力扶持、基层人才拓展发展上升空间、海外人才着力吸引的系统性人才支持体系，才能够形成自贸试验区与人才"互吸效应"的良性循环。三是聚焦上海自贸试验区重点产业发展需要，实施重点产业人才工程项目，在全球范围内招聘人才，提供全链条服务。进一步加大柔性引才力度。构建开放便捷的跨境流动机制、灵活高效的人才使用和激励机制。四是集聚用好青年人才。为青年人才创新创业在财政统筹上给予支持，提供系统性的优化服务保障，搭建青年人才施展才华的舞台，并解除他们的后顾之忧，向他们提供安家补贴、购（租）房补贴，为其家属工作、小孩上学、老人养老等方面提供有的放矢的跟踪配套服务，落实高端紧缺人才个人所得税优惠，让事业留人落到实处。五是发展高标准的人才市场化水平运作机构，实现专业化运营，向用人单位提供人才对接引进、人才项目运营、人才创业投资等服务。同时，支持用人单位市场化引才，深入完善人才发展市场化的支持机制。六是要结合上海自贸试验区功能定位和建设发展阶段要求，找准国际高端人才关注的需求点，持续性地进行创新人才政策，建构区域和全球国际人才配置中心。

## 第四节　主动作为，集成突破，持续提高<br>跨境服务贸易开放水平

从 2013 年首个自贸试验区诞生到 2019 年底，中国自贸试验区负面清单 6 年"瘦身"超 80%，从 190 条缩减到 37 条，服务业限制措施数量从 95 项下降到 28 项。越来越短的清单，见证了中国开放水平的不断提升。2020 年的全国与自贸试验区负面清单，重点加大服务业对外开放的力度。事实上，跨境服务贸易开放，是国际高标准贸易协定应该具备的基本内容。对标 CPTPP，其跨境服务贸易规则主要涉及跨境服务贸易、金融服务、商务人员临时入境、电信服务、电子商务[1]等方面的内容。上海自贸试验区要在已取得大量跨境服务贸易开放制度创新的基础上，用好引导区高屋建瓴

---

[1]　电信服务、电子商务相关内容见本书相关章节。

的优势，借鉴 RCEP、CAI 和 CPTPP 等相关国际贸易协定长处，注重深化制度创新的成果，持续提高跨境服务贸易开放水平，加快服务贸易体制机制创新，进一步放宽服务贸易领域准入限制，在专业服务、交通运输、金融等领域作出较高水平的开放，推动形成国际国内双循环相互促进的新发展格局。上海在实施持续提高跨境服务贸易开放水平策略的过程中，必须注重和更多的中央国家部门进行沟通，获得相关机构的支持和授权，如商务部、国家发展改革委、工业和信息化部、司法部、公安部、财政部、交通运输部、农业农村部、文化和旅游部、卫生健康委、应急部、中央宣传部、中央网信办、中国人民银行、海关总署、国家市场监管总局、国家移民局、国家广电总局、国家统计局、国家能源局、国家林草局、国家外汇管理局、中国证监会、中国银保监会、全国人大法制工作委员会、最高人民法院等。

## 一、主动作为，集成突破，尽早出台高标准的上海自贸试验区跨境服务贸易负面清单

在全面梳理上海自贸试验区和国内跨境服务贸易开放经验的基础上，特别是要系统梳理全国第一张服务贸易领域负面清单——《中国（上海）自由贸易试验区跨境服务贸易特别管理措施（负面清单）（2018 年）》实施以来的经验，吸收《海南自由贸易港跨境服务贸易特别管理措施（负面清单）》和《海南自由贸易港跨境服务贸易负面清单管理办法（试行）》的优点，借鉴国际上已经成熟的其他自贸试验区跨境服务贸易经验，参照 RCEP、CAI、CPTPP 等国际经贸规则，针对上海自贸试验区跨境服务贸一些方面的相对落后局面，主动作为，在竞争中立、平等准入和一视同仁原则的基础上，形成更高质量和更高标准的上海自贸试验区跨境服务贸易负面清单建议稿，呈送中央相关部门和上海市，恳请协商通过，实现跨境服务贸易制度的集成突破，加快培育具有上海自贸试验区特色的合作竞争新优势，推动服务贸易自由化，构建服务贸易发展的新格局，促进上海自贸试验区高质量发展。

## 二、不断完善跨境服务贸易的策略

基于中国和上海自贸试验区在跨境服务贸易的开放度与 CPTPP 标准还有相当大的差距现实情况，特别是在行业标准、资格认证等方面表现突出。建议上海自贸试验区应采取小步快走的策略。一是要借 RCEP 先行突破区的优势和长三角一体化国家战略的机遇，进一步推动与 RCEP、CAI 等方面规则标准对接，探索跨境服务贸易要素跨境自由流动和优化配置，形成可以借鉴的制度集成。二是采取切实可行的措施，加速推行国内外认证及相关检测业务互认制度，强化推动与国际高标准服务行业的管理标准和规则衔接的力度，加大对相关人才的吸引和培育力度。三是有的放矢地在关键对接试验平台上，推动国内外规则标准在自贸试验区内高效对接，力求促进不同法系、行业标准等领域交流互认。四是着力打造跨境服务贸易合作高地。在 RCEP[1] 和 CPTPP 框架下，围绕跨境服务贸易合作和相关资源的配置，推动跨境服务贸易相关产业的协作，建立协同协调发展新模式。五是进一步构建、完善立足上海自贸试验区面向亚太和全球的跨境服务贸易网络，打造高标准的跨境服务贸易国际组织集聚区，主动参与国际跨境服务贸易组织的活动，并积极争取主办承办相关活动，打造高水平参与国际合作的窗口和跨境服务贸易国际组织集聚区。六是进一步探索跨境服务贸易"非当地存在"原则的有效实施方式。七是进一步完善和加快自由开放的航运制度建设，提升运输便利化和服务保障水平。进一步完善国际航运枢纽和航空枢纽的建设，不断完善上海自贸试验区的现代综合交通运输体系。八是支持发展数字贸易[2] 等新业态，优化上海自贸试验区服务贸易结构，即运用上海自贸试验

---

[1] RCEP 设置了专业服务附件，对资格认可、执照和注册、相互承认协议等边界障碍进行规范。

[2] 数字贸易不仅包括基于信息通信技术开展的线上宣传、交易、结算等促成的实物商品贸易，还包括通过信息通信网络（语音和数据网络等）传输的数字服务贸易，如数据、数字产品、数字化服务等贸易。

区强大的辐射能力和中国国内巨大的市场规模，联通集聚全球的高端人才、先进技术、数据等优质生产要素资源，达到上海自贸试验区服务贸易结构优化和高质量发展的目的。

### 三、持续提升金融服务对外开放水平的策略

进一步完善金融服务领域的开放，形成高质量的金融开放体系结构框架。

尽管上海自贸试验区金融服务方面做了大量的创新工作，但在全面对标 RCEP、CAI 和 CPTPP 规则下，还是存在许多不足。因此，上海自贸试验区需要解放思想，改革前行。一是进一步夯实中国在 WTO 里关于金融服务对外开放的承诺，特别是要补上短板。二是加大推进人民币资本项目可兑换、人民币跨境使用、外汇管理等方面的金融开放创新力度。三是提前准备，主要是资格认可、执照和注册、相互承认协议等方面，为快速落实 RCEP、CAI 金融服务对外开放的承诺奠定基础。四是探索对港澳台率先实施跨境金融服务负面清单管理，推动与港澳台跨境金融贸易自由化，推动金融互联互通，提升中国大陆和港澳台金融市场一体化水平。五是进一步完善金融服务方面的国民待遇，特别是在监管方面尽可能做到一视同仁，避免歧视性的监管，建构以公正透明为重点的金融服务体系。六是进一步提升高水平的国际金融人才的管理水平，聚集全球高水平的金融人才。七是对标 RCEP、CAI、CPTPP 规则，做好相关的前期准备工作。

### 四、实施更加宽松的商务人员临时入境措施

商务人员流动是现代商务的重要特征，有助于促进整个区域营商环境改善，并带动商业增长。尽管上海自贸试验区商务人员在临时入境方面做了大量的创新工作，但在全面对标 RCEP 和 CPTPP 规则下，还是存在许多不足。因此，上海自贸试验区还要实施更加宽松的商务人员临时出入境措施，实行更加开放的人才和停居留政策，实行更加便利的出入境管理政策。一是

要进一步完善国际人才评价机制，对高层次人才投资创业、讲学交流、经贸活动等，提供更加便捷的出入境便利。二是要进一步完善符合条件的境外人员，担任上海自贸试验区内法定组织的法定代表人和公务员的办法。三是进一步完善工作许可、签证与居留信息共享和联审联检制度，提供工作就业、教育生活服务必要的服务，特别是要进一步深化外国高层次人才服务"一卡通"试点，建立更加便捷的安居保障、子女入学和医疗保健服务通道。四是进一步实施更大范围适用免签入境政策，逐步延长免签停留时间。五是优化出入境边防检查管理，为商务人员、邮轮游艇提供更加便利的出入境通关措施。六是进一步提升程序透明度，不断完善依法保障临时入境商务人员合法权益的制度体系。七是提前做好 RCEP 生效后的放开免签和落地签等政策的准备。八是对标 CPTPP 规则中的商务人员临时入境，做好相关政策的储备工作。九是取消境外个人参加注册计量师等多项职业资格考试方面的限制，加大单向认可境外职业资格的力度，这有利于集聚优秀境外人才，为上海自贸试验区建设提供高质量的人才支持。九是实施一视同仁的原则，改变现行内外不统一的高端人才和紧缺人才的认定和补贴办法，建立健全统一规范的针对所有高端人才和紧缺人才个人所得税优惠政策等方面的管理政策，集聚优质人才资源，让各类人才安心、放心地发挥作用。

### 五、强化服务贸易监测预警，履行不发生系统性风险底线的义务

上海自贸试验区必须统筹兼顾服务贸易发展和安全，进一步完善政府、企业和中介组织等相关主体责任，加快建立健全配套管理制度，强化服务贸易统计和监测预警，承担守住不发生区域性系统性风险底线的义务，以分类监管、协同监管、智能监管为基础，全面提升上海自贸试验区服务贸易风险防范水平和安全监管水平。

# 附件一

# "十四五"时期提升上海国际贸易中心能级规划

（上海市人民政府 2021 年 4 月 17 日印发）

"十四五"时期，是上海立足新发展阶段、贯彻新发展理念、服务构建新发展格局，加快建设具有世界影响力的社会主义现代化国际大都市的关键五年，也是开启深化国际贸易中心建设新征程、实现上海国际贸易中心能级提升的关键时期。为更高起点、更大力度推进上海国际贸易中心建设，根据国家对上海经济社会发展的重要部署和《上海市国民经济和社会发展第十四个五年规划和二〇三五年远景目标纲要》，编制本规划。

## 一、"十四五"时期提升上海国际贸易中心能级的基础和环境

### （一）"十三五"时期主要进展

过去五年，上海对国内国际两个市场、两种资源的配置能力显著增强，基本建成了与我国经济贸易地位相匹配、在全球贸易投资网络中具有枢纽作用的国际贸易中心。

1. 贸易集聚功能持续提升，优进优出外贸发展格局基本形成。世界级口岸城市地位继续夯实。2020 年，上海口岸贸易额占全球贸易总量 3.2% 以上，继续位列世界城市首位。集装箱吞吐量达到 4350 万标箱，连续 11 年居世界第一。货物贸易结构持续优化。深入实施"四个一百"专项行动，附加值和技术含量较高的一般贸易进出口占比达 53.7%，比 2015 年提高 6.3个百分点；新兴市场占比由 47% 提高到 51.1%；离岸贸易加快发展，经常

项目汇兑顺畅度进一步提升。贸易中转功能稳步增强，集装箱水水中转和国际中转比例分别提高至 51.6% 和 12.3%。服务贸易发展全国领先。率先发布全国首张跨境服务贸易领域负面清单。技术进出口额达到 153.2 亿美元，年均增长 6.4%。电信计算机和信息服务、专业管理和咨询服务进出口比 2015 年分别增长 57.4% 和 31.3%。贸易新业态新模式蓬勃发展。发布全国首份省级数字贸易行动方案，数字贸易交易额达到 433.5 亿美元。设立国家级跨境电商综合试验区，积极创新监管和发展模式。外贸综合服务、汽车平行进口、保税维修和再制造、二手车出口等实现新突破。外贸企业贡献度稳步提升。全市有实际进出口交易的企业数量从 2015 年的 3.9 万家增加到 5.2 万家，贡献了全市 37.3% 的税收、12.5% 的就业。

2. 消费基础性作用更加凸显，国际消费城市建设取得显著成效。流通和消费规模居全国城市首位。商品销售总额、社会消费品零售总额分别达到 13.98 万亿元和 1.59 万亿元。商贸业增加值占全市 GDP 比重达 13.5%，商贸业税收占第三产业税收比重达 21.3%。商业模式创新持续加快。电子商务交易额从 1.65 万亿元增长到 2.94 万亿元，年均增长 12.3%，居全国城市首位。"互联网＋生活性服务业"创新试验区建设成效显著，已有 5300 多家企业落户。产业互联网领域创新性平台集聚发展，成为引领传统制造业转型升级的重要力量。品牌集聚效应显著提升。成功举办首届"五五购物节"，拉动消费作用明显。打响"上海购物"品牌三年行动计划顺利完成，年均引进首店超过 800 家，占全国一半左右，消费品进口占全国三分之一，离境退税销售额占全国六成以上，浦东机场免税销售额跻身全球前三，上海时装周位列全球五大时装周之一。服务民生能力进一步增强。颁布单用途预付消费卡管理规定，出台家政业地方法规，城市主副食品保供机制进一步完善，肉菜追溯体系建设取得积极成效，建成 200 家早餐工程示范点。

3. 资源配置功能不断增强，服务辐射能级进一步提升。平台经济影响力逐步显现。平台交易总额达到 2.99 万亿元，千亿级市场平台数量从

2015 年的 5 家增加到 10 家。大宗商品贸易平台达到 40 家，钢铁、有色金属、铁矿石等大宗商品价格成为国际市场重要风向标。供应链体系效能明显提升。全面完成国家内贸流通体制改革发展综合试点、供应链创新与应用试点等任务。现代物流对贸易的支撑作用进一步显现，物流车辆周转率提高 1 倍以上，供应链效率提升 35%，全社会物流总费用占全市生产总值比重低于全国平均水平 1 个百分点。国际会展之都基本建成。全市展览面积从 2015 年的 1513 万平方米扩大到 2019 年的 1941.7 万平方米，年均增长 6.4%，2020 年国际展占比提高至 78.9%，世界百强商展数量稳居全球首位。出台全国首部省级会展业地方法规。成功举办三届中国国际进口博览会（以下简称"进博会"），进博会溢出带动效应逐步显现，"6 天 +365 天"常年展示交易服务平台达到 56 个，城市推介大会打响"上海投资"品牌。区域辐射带动效应明显增强。建立长三角区域市场一体化合作机制，推动重要产品追溯信息互通，推进国际贸易"单一窗口"系统对接和数据共享，推动长三角经贸摩擦应对协同发展。加强与"一带一路"沿线国家和地区合作，进出口额占全市比重从 19.3% 提高到 22.5%；新签对外承包工程合同额占全市 73.7%，5000 万美元以上项目占比达到 73.3%。

4. 贸易主体能级不断提升，国际竞争力进一步提高。外资结构优化质量提升。五年累计实际利用外资 921 亿美元。高技术服务业引进外资年均增长 30.9%。全国首家外资独资保险控股公司、首家外资独资人身保险公司、首批新设外资控股合资证券公司落户上海。高技术制造业吸引外资占制造业比重由 25% 提升至 31.2%。高能级市场主体持续集聚。五年累计新认定跨国公司地区总部 236 家（其中大中华区及以上总部 96 家）、外资研发中心 85 家，累计分别达 771 家（大中华区及以上总部 137 家）和 481 家，继续保持中国内地外资总部最多的城市地位。培育集聚贸易型总部 210 家，认定民营企业总部 274 家。贸易流通企业集聚效应明显增强。年进出口规模 10 亿美元以上企业 55 家。101 家国际贸易投资促进机构在沪设立了常驻代表机构。上海钻石交易所成为世界第五大钻石交易中心。本土跨国公司显著增多。上海企业在境外投资设立企业增加到 4317 家,对外投资覆盖 178 个国家和地区,海外存量投资超过 1 亿美元的企业达到 110 家。

5. 贸易制度创新持续深化,贸易环境进一步改善。自贸试验区改革取得新突破。参照国际通行规则,实施准入前国民待遇加负面清单的外商投资管理制度。自贸试验区外商投资准入特别管理措施从 2015 年的 122 条缩减至 30 条,54 项扩大开放措施累计落地企业 3230 家。国际贸易"单一窗口"功能模块增加到 10 个,覆盖部门扩展到 23 个。亚太示范电子口岸网络成员增至 12 个经济体 22 个示范口岸。临港新片区制度创新成效初显。特斯拉超级工厂等项目落地,312 家优质企业进入跨境人民币结算便利化名单,享受跨境金融服务便利。洋山特殊综合保税区挂牌,一期 14.27 平方公里封关运行。服务贸易集聚区加快建设,建立数字贸易交易促进平台。全力推进企业原油进口资质、保税油补、保税维修政策创新。营商环境建设取得重大进展。跨境贸易便利度不断提升,2019 年在世界银行营商环境评估中排名全球海运经济体第 5 位。出台我国首部地方外商投资条例。推出重点商圈"上海购物"诚信指数和全国首份市场信用奖惩清单。建立长三角国际贸易知识产权海外维权联盟。一批国际贸易投资、跨国经营管理领域精英入选上海各类人才计划。

但是,对标全球国际贸易中心城市,上海仍存在一定差距。在贸易能级方面,全球总部和亚太总部数量较少,具备国际竞争力的本土跨国企业依然不多。全球供应链整合能力有待增强,大宗商品话语权、定价权和资源配置权相对有限,商圈商街的国际影响力有待提高。在贸易结构方面,口岸货物国际中转率依然不高,离岸贸易发展较为缓慢,数字贸易尚处于起步阶段,保险、金融、文化等服务领域进出口规模仍然偏小。在制度环境方面,与国际高标准投资贸易规则相比尚有差距，吸引国际消费集聚的制度有待完善。

**(二)"十四五"时期环境分析**

"十四五"时期，上海国际贸易中心建设面临着更加深刻复杂的内外部发展环境，但仍处于重要的战略机遇期，机遇和挑战并存。要准确识变、科学应变、主动求变，努力在危机中育先机、于变局中开新局。

1.国际经贸规则出现新变化。经济全球化遭遇逆流，上海作为我国改革开放的前沿窗口和对外依存度较高的国际大都市，既首当其冲受到外部环境深刻变化带来的重大挑战，也面临着全球治理体系和经贸规则变动带来的新机遇。

2.全球供应链深度调整形成新布局。新科技革命和产业变革在全球范围内深度推进，进而推动全球范围内价值链、产业链和供应链布局深度调整，新冠肺炎疫情促使跨国公司谋求多元化布局，这有利于吸引全球供应链向我国及长三角地区集聚，助力上海成为全球资本的重要流入地之一。

3.内需潜力释放带来新机遇。上海坚定实施国家扩大内需战略，大力吸引国内外高端要素集聚，推动人才、资金、技术、信息等各类流量扩容增能，有利于推动上海国际贸易中心枢纽功能的不断跃升。

4.数字经济快速发展催生新动能。上海明确要加快国际数字之都建设，大力推动数字产业发展，实现数字贸易以及线上购物、线上文娱、数字医疗、数字教育等跨越式发展，这将成为上海国际贸易中心建设新的增长点。

5.国家对上海战略定位提出新要求。推进浦东高水平改革开放和新的三项重大任务、强化"四大功能"、加快建设虹桥国际开放枢纽等，都是新时期国家赋予上海的重要使命，也为上海国际贸易中心建设指明了方向，拓展了空间。未来上海国际贸易中心建设将全面贯彻落实国家要求，充分利用国内国际两个市场、两种资源，在更高的起点上构筑服务全国、辐射全球的新平台、新网络。

## 二、"十四五"时期上海国际贸易中心建设指导思想和发展目标

### (一) 指导思想

以习近平新时代中国特色社会主义思想为指导,深入贯彻党的十九大和十九届二中、三中、四中、五中全会精神,立足新发展阶段,贯彻新发展理念,服务构建新发展格局,坚持稳中求进工作总基调,全面落实浦东高水平改革开放和三项新的重大任务、强化"四大功能"、打响"四大品牌"和加快发展"五型经济"和"五大新城"的总体部署,持续深化供给侧结构性改革,以"提升开放能级、增强枢纽功能"为主攻方向,加快推动制度型开放、数字化转型和新动能转换,积极促进内需和外需、进口和出口、引进外资和对外投资协调发展,着力畅通国内大循环、促进国内国际双循环,率先构建要素高效流动、高效聚合的枢纽节点,加快推动商务高质量发展,实现国际贸易中心核心功能显著提升,为全面提升上海城市能级与核心竞争力作出更大贡献。

### (二) 发展目标

经过 5 年努力,上海国际贸易中心能级实现跃升,基本建成全球贸易枢纽、亚太投资门户、国际消费中心城市、亚太供应链管理中心、贸易投资制度创新高地,全面建成国际会展之都,为上海建设国内大循环中心节点、国内国际双循环战略链接提供重要支撑。

——贸易投资规模稳步扩大。口岸货物进出口总额保持全球城市首位,服务贸易进出口额保持世界城市前列。消费规模稳步提高,社会消费品零售总额率先超过 2 万亿元,电子商务交易额达到 4.2 万亿元左右,保持全国城市首位。实到外资保持稳中有进。会展综合竞争力进入全球会展中心城市前列。

——资源配置能级逐步提升。在有色金属、钢铁、铁矿石、能源化工等大宗商品领域,培育若干千亿级、万亿级交易平台,打造一批百亿、千亿级

重点功能性平台，部分商品价格和指数成为重要国际风向标。具备全球资源配置能力的贸易主体加快集聚，累计落户跨国公司地区总部达到1000家左右、贸易型总部300家左右、规模以上本土跨国公司200家左右。世界百强商展在沪举办比重进一步提升。

——开放创新能力持续增强。对标国际高标准经贸规则，实施新一轮高水平对外开放。离岸贸易、转口贸易取得突破，规模稳步扩大。加快建设数字贸易国际枢纽港，数字贸易年均增速达到4%左右。加快吸引和培育一批具有强劲科技创新策源功能的外资研发中心。

——消费引领作用日益凸显。持续打响"上海购物"品牌，集聚高端商品和服务，推进消费数字化转型，扩大新型消费规模，基本建成线上线下融合、引领全球消费潮流的国际消费中心城市。建成若干辐射全国乃至全球的世界级商圈，培育形成一批特色商业街区。

——贸易投资环境更加便利。外商投资开放度和透明度进一步提高，自由化便利化水平大幅提升。跨境贸易便利度位居世界海运经济体前列，国际贸易"单一窗口"功能拓展、覆盖面拓宽，智慧口岸综合治理能力显著提高，长三角"单一窗口"互联互通持续深化。国内外知名专业机构和贸易投资促进机构、国际组织加快集聚，面向国际的商事争议解决平台和纠纷解决机制加快形成。

### 三、"十四五"时期上海国际贸易中心建设主要任务

### (一) 培育外贸综合竞争新优势，构筑全球贸易枢纽

实施贸易高质量发展战略，着力推动贸易强国建设，协同推进货物贸易"优进优出"和服务贸易"创新提升"，促进要素资源高效配置，加快形成贸易规模稳定、集散功能强劲、竞争优势明显、链接国内国际两个市场的全球贸易枢纽。

1.打造联动长三角、服务全国、辐射亚太的进出口商品集散地。促进

对外贸易稳中提质。提升贸易发展与产业升级联动效应,扩大高附加值产品出口,促进关键装备、零部件和技术专利进口。支持加工贸易创新发展,鼓励向营销物流、检测维修等产业链上下游延伸,支持加工贸易企业进入关键零部件和系统集成制造领域。支持符合条件的贸易企业申请认定高新技术企业和技术先进性服务企业。加大财税、金融等政策支持力度,扩大出口信用保险覆盖面,提高风险容忍度。支持外贸企业参与国际质量认证、注册国际商标,培育壮大一批自主品牌。拓展贸易调整援助制度覆盖面,帮助企业更好应对国际贸易环境变化影响。进一步夯实国内最大的进口消费品集散地地位,口岸货物进口和出口中外省市占比分别超过45%和70%。建设高能级强辐射的贸易平台。加快虹桥商务区保税物流中心(B型)建设,深化虹桥和外高桥国家级进口贸易促进创新示范区建设,加快联动发展,形成融合商品进口、保税仓储、分拨配送、展示销售、零售推广及售后服务等功能的贸易服务链,持续增强进口集散功能。优化国家外贸转型升级基地公共服务配套体系,高标准建设一批国别(地区)中心和专业贸易平台。推动综合保税区建成具有全球影响力和竞争力的加工制造中心、研发设计中心、物流分拨中心、检测维修中心和销售服务中心。培育一批信用等级较高、服务能力较强的外贸综合服务企业。推进联合国采购大会、中国国际公共采购论坛和联合国亚洲采购中心等项目落地。推进崇明横沙渔港国际渔业贸易中心建设。优化国际市场布局。支持企业稳定重点市场,有效运用《区域全面经济伙伴关系协定》(RCEP)等自贸协定中关税减让、原产地累积规则、开放市场准入、简化通关程序等互惠措施,逐步扩大与协定国贸易规模,优化进出口商品结构,更好地促进产业升级。支持行业组织、贸易促进机构搭建公共服务平台,帮助企业参加境内外贸易促进活动,鼓励企业参加海外自办展和专业性展览。支持企业加快建立多层次的国际营销服务网络,扩大国际营销公共平台服务覆盖面,引入一批贸易促进机构。

2.打造新型国际贸易发展高地。实现离岸贸易创新突破。便利跨境贸易资金流动，支持银行提升企业经常项下离岸贸易外汇收支便利度。有效利用境内外市场资源网络，扩大以自由贸易账户为基础的离岸贸易企业参与范围，支持银行为更多有需求的企业提供相关跨境金融服务便利，培育一批离岸贸易结算标杆企业。在自贸试验区及临港新片区、虹桥商务区等重点区域探索研究鼓励离岸贸易发展的税制安排。支持虹桥商务区内贸易真实且信誉度高的企业通过自由贸易账户开展新型国际贸易。增强转口贸易枢纽功能。促进洋山港、外高桥"两港"功能和航线布局优化，进一步简化进出境备案手续，提高货物流转通畅度和自由度。建设洋山特殊综合保税区国际中转集拼服务中心。在高端装备制造、邮轮保养和船供、沿海捎带、多式联运等方面推进科学化、智能化、便利化监管模式。在智能制造、集成电路、生物医药、大宗商品等领域推动国际分拨发展。挖掘跨境电商发展潜能。加快国家级跨境电商综合试验区和市级跨境电商示范园区建设，鼓励跨境电商模式创新，建设跨境电商营运中心、物流中心和结算中心。深化海关跨境电商企业对企业出口监管试点，支持企业建设海外仓。提升跨境电商公共服务平台能级，支持专业服务机构提供通关、物流、品牌营销、融资、法律等服务。

3.打造服务贸易创新发展高地。提升知识密集型服务贸易能级。加快推进全面深化服务贸易创新发展试点，积极配合国家制定跨境服务贸易负面清单。健全服务贸易促进体系，扩大医疗、教育、金融、计算机和信息、商务、文化娱乐、维修维护、知识产权使用费等知识密集型服务出口规模，稳步提升"上海服务"品牌和服务贸易综合竞争力。提升服务外包公共服务水平，夯实数字化转型基础，加强与高端制造业融合发展。推动一批全球保税维修项目先行先试，增加船舶、航空、轨道交通、工程机械、数控机床、通讯设备等维修品类。创新高端设备再制造监管模式，集聚一批具有全球影响力的再制造检测认证与研发创新中心和企业。推进长三角服务行业标准与管理规则对接，探索优势互补的服务贸易集群发展模式，推动长三角服务品牌"走出去"。持续扩大技术贸易规模。聚焦重点产业领域、基础科学研究、关键核心技术,对本市急需并纳入国家《鼓励进口服务目录》的服务进口加大支持力度,促进技术进口来源多元化。建设国际技术贸易合作平台,用好中国(上海)国际技术进出口交易会等国家级科技创新交流平台,发挥"上交会3+365联盟"优势,吸引全球企业在上海发布最新创新成果。支持全球跨境技术贸易中心建设,健全面向国际的科技服务体系,形成国际化的科技创新成果发现、项目储备对接和跟踪服务机制。

4.建设数字贸易国际枢纽港。探索推进数字贸易规则制度建设。对标全球数字贸易发展趋势,促进数字经济和实体经济深度融合,配合国家数字贸易规则制定,争取先行先试政策试点。加强跨境数据保护规制合作,研究信息技术安全、数据隐私保护、数据共享、数据确权和数据交易定价相关规则。在临港新片区开展数据跨境流动安全评估试点,探索跨境数据流动分类监管模式。加快建设高质量基础设施。推动虹桥商务区等特定功能区域建设国际互联网数据专用通道、数据枢纽平台。探索建设服务于跨境贸易的大型云基础设施。建立健全公共服务功能。围绕数字资产的确权、定价、交易、存储、转移等关键环节,健全数字经济领域知识产权综合服务、跨境支付结算服务。强化数据共享功能和综合配套服务功能,为数字贸易企业"走出去"提供数据合规咨询服务。培育一批国际化、有潜力的数字贸易品牌。强化数字化转型政策支持,吸引国际数字企业地区总部、研发中心、交付中心和重要平台落户。推动建设一批重要承载区。认定一批国家数字服务出口基地。推动临港新片区实施"互联网＋先进制造"战略,建设国际数据港。推动浦东、长宁、静安、杨浦等区打造各具特色的数字贸易生态圈。打造长三角全球数字贸易高地。推动虹桥商务区发展数字会展、跨境电商等,建设数字贸易跨境服务集聚区。探索成立长三角数字贸易城市联盟,推动建设大数据产业集聚区。

**(二)深入推进高水平制度型开放,打造亚太投资门户**

实施更大范围、更宽领域、更深层次对外开放,坚持以开放促改革、促发展、促创新，着力推动规则、规制、管理、标准等制度型开放，加快形成高能级市场主体集聚、高标准投促体系健全、高水平服务系统集成的亚太投资门户。

5.打造新时期外资首选地。实施新一轮高水平对外开放。深入落实浦东高水平改革开放、临港新片区总体方案、虹桥国际开放枢纽建设总体方案，加快落实上海服务业扩大开放综合试点，积极争取更大的改革自主权，推动科技服务、商务服务、物流运输、教育、金融、卫生、文化旅游、电信等领域开放措施率先落地，在更多领域允许外资控股或独资。支持符合条件的跨国公司开展跨境资金集中运营管理。支持外商投资在虹桥商务区建设剧院、电影院、音乐厅等文化场馆和设立演出场所经营单位。落实 RCEP、《中欧全面投资协定》(CAI)，研究对标《全面与进步跨太平洋伙伴关系协定》(CPTPP)，推动上海率先形成与高标准投资规则相衔接的基本制度体系和监管模式。构建面向全球的投资促进网络。健全由政府、专业机构、商协会、企业组成的"四位一体"投资促进体系，持续增强与主要投资来源地及潜力国家（地区）的经贸及投促机构合作，加快构建境外经贸合作伙伴网络。推动投资促进与进博会、中国（上海）国际技术进出口交易会、中国国际工业博览会、中国国际旅游商品博览会等大型国际会展联动，举办高层次投资促进、文化合作交流活动。

6.打造高质量外资集聚地。实施"总部增能"行动。持续提升总部经济能级，创新资金管理、境外融资、数据流动、人员出入境、通关便利等方面功能性政策，大力吸引跨国公司亚太总部和全球总部落户。鼓励跨国公司积极参与全球价值链重构，设立辐射亚太、面向全球的财资中心、销售中心、采购中心、供应链管理中心、共享服务中心等功能性机构。打破人才、创新资源等要素跨境流动瓶颈障碍，支持外资设立全球研发中心和开放式创新平台，大力发展具有引领策源作用的创新型经济。继续保持中国内地外资总部能级最高、质量最优的城市地位，累计落户跨国公司地区总部1000家左右、外资研发中心 560 家左右。积极参与若干世界级产业集群建设。依托长三角较为完备的产业链基础，全力做强外资创新引擎，聚焦集成电路、生物医药、人工智能和电子信息、汽车、高端装备、先进材料、生命健康、时尚消费品等领域，大力吸引产业链上下游配套企业集聚，构建长三角一体化产业生态，形成前沿制造业产业集群。加大对科技服务、商务服务、物流运输、金融、文化旅游、信息服务业等领域引资力度，打造现代服务业集聚高地。构建外商投资全生命周期服务链。落实外商投资法及其实施条例、上海市外商投资条例，拓展涉外服务专窗内容，健全完善政企沟通、联系走访、重大项目服务、投诉和兜底服务等工作机制，全方位、全流程、全渠道加强外商投资服务，切实保护外商投资合法权益。

7. 打造"走出去"对外投资合作桥头堡。培育更高层级的本土跨国公司。加快培育、集聚一批具有全球影响力的本土跨国公司，推动对外投资和扩大出口更好结合。以境外经贸合作区为载体，积极开展国际产能合作，鼓励长三角企业抱团入驻、联动发展。依托 RCEP、CAI 等多双边贸易投资协定，进一步提高对东盟、欧盟等地区的投资质量。提升对外承包工程国际竞争力。支持工程承包企业探索以项目管理总承包（PMC）、建设—经营—转让（BOT）、公私合作制（PPP）、投建营一体化等方式承接海外项目，延伸运营管理服务，全面带动装备、技术、标准和服务出口，打造一批具有影响力和带动力的标志性海外工程项目。支持工程承包企业加强与在沪跨国公司地区总部及日本、韩国、新加坡等国企业开展第三方合作，共同开拓东南亚、中亚等市场。打造"走出去"公共服务体系升级版。加强"走出去"风险防范体系建设，建立企业境外权益保护工作联动机制，整合安全信息、国际救援等各方专业机构资源，构筑企业境外权益保护和突发应急体系网络。深化政企银保四方协调合作，引导更多社会资金共同参与对外投资合作。发挥援外培训与"走出去"的联动效应，加大跨国经营人才培训力度。

### （三）推动消费持续提质扩容，建设国际消费中心城市

坚持扩大内需这个战略基点，着力推进国内市场建设，以创新驱动、高质量供给引领和创造新消费需求，持续增强对国内外消费的吸引力、集聚力、资源配置力和创新引领力，建设线上线下深度融合、内贸外贸相互链接、具有全球影响力的国际消费中心城市。

8.创新高端消费供给。提升高端商品和服务集聚能力。大力培育高端消费市场，支持高端消费品牌跨国公司设立亚太和全球分拨中心，推动国际知名高端品牌、新兴时尚品牌集聚。发挥世界级口岸优势，建设一批进口消费品展示交易直销平台，多渠道扩大特色优质产品进口。推动首发经济发展。加快建设全球新品首发地，举办具有国际重大影响力的品牌首发活动，支持黄浦、静安、浦东、徐汇、虹口等区打造全球新品首发示范区，支持重点电商平台打造全球新品网络首发中心，支持国内外名家新品、名牌新品、老牌新品和新牌新品设立首店、旗舰店、体验店。深化品牌经济发展。培育本土品牌，鼓励发展城市定制商品和零售商自有品牌，支持外贸企业打造自有品牌，推进国产品牌入驻免税店，推动"上海制造"品牌建设。打造时尚品牌，引进培育一批知名独立设计师、品牌工作室、时尚买手。创新发展老字号，推动"一品一策一方案"落地，加快实施老字号"数字焕新工程""品牌保护工程""传人培养工程""国潮出海工程"。加快免退税经济发展。积极争取新设市内免税店，增加免税购物额度，培育本地免税品经营企业。推进重点商圈离境退税商店全覆盖，推广即买即退。扩大虹桥国际机场航站楼免税购物场所，加快浦东国际机场免税综合体建设，做大邮轮免税经济。支持南京西路等商圈建设离境退税示范区。

9.建设多层级商业地标。打造世界级商圈。加快建设世界级"消费金腰带"，形成南京路、淮海中路—新天地、豫园、小陆家嘴、徐家汇、北外滩"两街四圈"，打造精品云集享誉世界、服务创新引领全球、消费环境优质舒适、监管模式接轨国际的国际消费中心城市核心承载区。形成差异区

域商圈。优化虹桥商务区免税购物功能和保税展示交易功能,提升服务长三角联通国际的消费枢纽功能。支持临港新片区引入高端、特色目的地消费体验项目,打造一站式消费新地标。加强中心城区历史文脉传承与现代商业融合创新,推动五角场、中山公园、前滩等市级商圈主题化、特色化发展。推动"五大新城"商业高质量发展。加快推动嘉定、青浦、松江、奉贤、南汇等"五大新城"商业发展,按照城市副中心的等级,建设面向新城的综合性商业中心,完善面向大型居住社区的社区配套商业,发展面向长三角的特色商业,加快集聚优质消费资源,深化商产文旅联动,形成层次分明、布局合理、功能完备、业态引领、错位发展的新城商业体系,加快提高新城人居品质,扩大新城商业辐射能力。培育特色商业街区。聚焦特色商业品牌资源与人文旅游资源整合和联动,加快提升国潮品牌特色街区、国别商品特色街区等 20 条"一街一主题"特色商业街区品质,建设分时步行特色街区。建设夜间经济地标。持续办好上海夜生活节,鼓励夜购、夜食、夜娱、夜游、夜秀、夜读等多元化业态发展,加快推动"1+12+X"夜间经济空间布局,大力发展滨江夜经济活力带、12 个都市夜生活活力圈和多个主题化、特色化、差异化的标志性夜市。

10.引领服务消费升级。扩大文旅休闲和体育消费。加快打造人民广场、世博会文化博览区两大具有国际影响力的文化设施集聚区,规划建设电竞场馆和全球动漫游戏原创中心。推进杨浦、徐汇国家体育消费试点城市建设,大力发展"三大球"、路跑等具有引领性的体育项目,打造健身休闲多层次消费场景。提升健康和养老消费。持续开展服务业质量提升行动,优化健康消费品和服务供给,发展定制化健康体检、私人健康管理等,推动医疗、养生和养老一体化发展。鼓励社会力量增加养老服务供给,提升老龄消费公共服务水平,支持商贸企业面向社区开展形式多样的养老服务项目。打造虹桥国际医药流通业集聚区,推进"诊疗一体化"等项目集聚。升级信息消费。推动建设各类信息消费体验中心,培育多元化商业模式,促进智能终端、可穿戴设备、智能家居等新型信息产品升级消费，扩大网络文学、互联网游戏等信息服务消费。扩大外来消费。用好进博会、购物节、旅游节、国际艺术节等资源，培育一批会商旅文体跨界融合的新模式、新业态，打造一批品牌化、标志性创新项目。发挥"上海购物"APP、"乐游上海"公众号等平台功能，大力吸引境内外旅客来沪，带动吃住行游购娱等延伸消费。

11. 推动消费数字化转型。加快电子商务创新发展。鼓励人工智能、大数据、区块链等新技术广泛应用，积极推动在线教育、健康、文娱等新业态发展，大力推动直播电商、社交电商、小程序电商等新模式创新发展，着力培育一批在线新经济领军企业，支持浦东、长宁、青浦等区打造直播电商基地。加快线上线下深度融合。推动互联网平台企业与实体商业合作创新，加快高品质新型消费资源集聚，打造新型消费场景。鼓励实体商业加快数字化升级，建设南京路步行街、虹桥商圈等数字商圈商街示范项目，打造一批智慧商圈和智慧购物示范场景。加快生活服务数字化提升。建设数字生活服务示范区，大力发展"互联网＋"餐饮、旅游、家政和体育等生活服务，形成服务各年龄层人群、覆盖居民"衣食住行娱"、基于地理位置的个性化本地生活服务。推进智能化终端设施建设。加快发展"无接触"经济，完善新型消费基础设施布局，推广建设智能快件箱、智能取餐柜、网订柜取门店、智慧零售终端和智能回收站等新型消费基础设施。推进网络新品牌建设。鼓励电商平台与"上海制造"品牌深度对接，为企业提供全渠道、全品类、全体验的销售模式，形成面向垂直领域、细分客户群的网络新品牌。

12. 打响"上海购物"品牌。提升"五五购物节"辐射力和影响力。推动消费内容、消费模式和消费场景全面创新升级，打造消费新理念、新模式、新业态、新品牌的试验田和竞技场。深化长三角联动，共同做大消费市场。推进中国国际零售创新大会、上海时装周等与"五五购物节"联动，不断提升国际影响力。构建"上海购物"品牌体系。制定实施打响"上海购物"品牌新一轮三年行动计划。加强"上海购物"城市公共品牌研究，探索形成与上海国际消费中心城市相匹配的形象设计和推广模式。打造本土消费内容创意产业,打响一批精品活动 IP,提升"上海购物"品牌和商业文明的创造力与传播力。优化"上海购物"环境。提升上海商务服务水平,加快消费服务标准化建设。推进商业配套设施改造,在移动支付、导引标示、信息获取等多环节提升消费便利度。构建以信用为基础的新型监管机制,加强单用途预付卡等商务领域信用分类分级监管,推动行业协会、重点企业开展商户信用分类管理,归集市场信用信息。完善商务诚信平台功能,发布商圈诚信指数,持续推进线下零售企业七日无理由退货。加强国际消费中心城市全球推广,搭建宣传推广公共平台,打造上海消费地图。

13. 推动生活服务升级。探索超大城市主副食品保供体系。以西郊国际三期和新上海农产品中心批发市场项目建设引领带动批发市场规划布局优化、功能完善和能级提升,提升保供能力。优化标准化菜市场规划布局,推动标准化菜市场向智慧菜市场转型,提升菜市场社区便民服务功能。支持主副食品新零售业态健康发展,丰富多元化供应网络。建设 100 个左右蔬菜域外基地、若干紧密型生猪外延基地。加快建立跨部门、跨地区、产业链各环节集聚的主副食品运行调控系统,进一步强化超大城市保供能力。优化社区商业。完善十五分钟社区生活圈,支持社区商业中心向社区生活服务中心转变,加快发展品牌连锁便利店,提升社区商业丰富度、便捷性和安全性。推进家政业提质扩容。大力培育家政龙头企业,推进产业化发展。推进家政综合服务管理平台建设,完善家政领域信用体系,推行家政人员星级评定和家政机构等级评定,打造上海家政服务品牌。指导推进长宁、闵行"领跑者"行动示范城(区)建设。完善早餐供应体系。制订早餐网点布局规划,加强郊区大居、产业园区、商务楼宇等早餐薄弱区域网点建设,完善以连锁早餐网点为主体,特色单店、流动餐车、外卖平台配送等多种形式为补充的早餐供应体系。制定早餐业态导则,大力发展各类复合业态,持续建设早餐示范点,开展共享早餐创新示范计划和早餐营养优化计划,推动早餐供应更加健康、便捷和丰富。

**（四）提升进博会全球影响力和竞争力，全面建成国际会展之都**

高质量办好进博会，推动展品变商品、展商变投资商。充分发挥进博会国际采购、投资促进、人文交流、开放合作四大平台作用，持续放大进博会溢出带动效应。推动会展模式、技术、机制创新，着力将上海打造成为市场机制更加成熟、会展企业更有活力、品牌会展更加集聚、更具全球影响力的国际会展之都。

14. 持续放大进博会溢出带动效应。推动贸易升级。做精做优做强"6天+365天"常年展示交易服务平台，增加境内外专业采购商规模。强化虹桥商务区进口集散功能，高水平建设一批面向"一带一路"国家和地区的专业贸易平台和国别（地区）商品交易中心，加快建设联动长三角、服务全国、辐射亚太的进出口商品集散地。推动产业升级。用好参展商资源，办好上海城市推介大会等重大活动，推进重大项目落地、总部能级提升。用好进博会海外资源网络，加强投资活动和项目信息联动，推介上海投资环境。推动消费升级。借力进博会新品首发平台，打造"全球新品首发地"。举办进博会参展国商品周、文化周、文化集市和各类场外延展和品牌推介活动，鼓励老字号、非遗品牌等在进博会展示推介，做大做强中国品牌日、中国自主品牌博览会等各类品牌展会。提升进博会常态化精品旅游线路的吸引力、影响力，打造集展会、旅游、购物、体验等为一体的新地标。推动开放升级。巩固和放大虹桥国际经济论坛国际影响力，打造世界级高水平论坛和国际公共产品。将进博会期间的展品税收支持、通关监管、资金结算、投资便利、人员出入境等创新政策依法上升为常态化制度安排。围绕"越办越好"总要求，按照"一流城市形象和一流服务保障"目标，高标准提升城市服务保障能力，着力打造成为城市治理体系和治理能力的现代化国际样板。

15. 提升会展业配置全球资源的能力。集聚高能级办展主体。大力引进国际知名会展企业总部、境内外专业组展机构及其上下游配套企业，支持打造具有国际竞争力的会展集团。鼓励本土会展企业采取国内外合作、收购兼并等模式增强组展实力，提升国际影响力。探索试点境外机构在本市特定展馆独立举办对外经济技术展会。规划布局大型会展场馆，进一步提升展览场馆运营能力。积极开展与国际展览业协会（UFI）和国际展览与项目协会（IEAA）等国际组织的合作。培育具有国际影响力的会展项目体系。聚焦集成电路、人工智能、生物医药、航天航空等战略性新兴产业和文化创意、金融服务、商业零售、商务服务等现代服务业领域，培育一批具有世界影响力的品牌展会项目，引进一批细分行业领域处于领先地位的世界知名展会项目。大力发展"会议＋展览"模式，吸引高级别国际会议在沪举办。创新展会服务模式。大力发展"云展"，培育以线上会展为主的新型展会主体，鼓励会展企业融合 5G、大数据、人工智能等技术办展，实现会展行业线上线下融合发展。

16. 打造国际化城市会展促进体系。形成具有引领性的会展业标准体系。对接国际最高标准，完善会展服务、会展经营、绿色会展、评估认证等标准，在全国率先形成面向市场、服务产业、主次分明、科学合理的会展业标准化体系。构建会展业营商环境高地。深入贯彻本市会展业条例，率先建立会展活动"一网通办"和信息备案制度。构建市、区两级多措并举、精准高效的政策促进体系。完善高效便捷的事中事后监管机制、知识产权保护机制、纠纷解决机制。加强国际宣传推广，提升上海国际会展之都整体形象。

**（五）推进现代流通体系建设，建设亚太供应链管理中心**

深化流通体系改革，创新流通领域技术、业态、模式，完善制度、规则、标准，增强供应链自主可控能力，打造供应链服务健全、物流配送高效、市场治理规范、平台配置完善、期现市场联动的亚太供应链管理中心。

17. 优化现代商贸流通体系。建设高水平的商贸流通体系。推动流通创新与产业变革的深度融合，提升商贸企业产供销资源整合能力，推动产供销一体化发展。优化流通网络布局，合理规划商品集散中心和综合物流园区、公共配送中心。加快上下游协调互动、资源整合、协同创新，实现产业链、供应链高效对接和整合，打造多渠道、多层次、立体化的现代流通体系。培育集聚具有全球竞争力的现代流通企业。聚焦自贸试验区及临港新片区、虹桥商务区、长三角一体化示范区和北外滩等重点区域，加快集聚一批贸易型总部和民营企业总部。支持各类总部积极开拓海外市场，打造形成立足全国、面向亚太的供应链、产业链集群。设立上海中小企业海外中心，实施"专精特新"中小企业培育工程。提升流通主体竞争力，引导流通企业数字化、平台化、标准化发展，进一步降本增效。促进内外贸一体化。打通内外贸流通堵点，完善内外贸一体化调控体系，推动内外贸在法律法规、监管体制、质量标准、认证认可等方面的衔接。推动内外贸产品同线同标同质，培育一批拥有自主品牌和开展国际经营的本土跨国商贸集团。加快推动国内国际流通融合，支持出口企业拓展国内市场、国内流通企业积极布局全球市场，构建高效通畅的全球物流网络。

18. 推动供应链创新与应用。强化供应链物流支撑。完善智慧物流基础设施建设，合理规划物流仓储布局、优化物流运输结构，构建高效便捷的配送网络体系。加强标准化建设和绿色发展，建立托盘循环共用系统性平台。推动青浦商贸服务型国家物流枢纽建设，加强与全球生产、流通、贸易等主体合作对接。推动存量仓库高标化、数字化、智能化升级改造。建设长三角区域应急供应链协作机制。加快推进供应链数字化和智能化发展。积极应用区块链、大数据等现代供应链管理技术和模式，加强数据标准统一和资源线上对接，推广应用在线采购、车货匹配、云仓储等新业态、新模式、新场景，促进企业数字化转型，实现供应链即时、可视、可感知，提高供应链整体应变能力和协同能力。支持商贸企业建设数字化供应链管理平台，实现研发、生产、制造、分销和物流等供应链各个环节实时联通。提升供应链服务平台能级。培育市场空间大、附加值高、对产业提升作用明显的供应链综合平台。拓展会计审计、金融服务、法律服务、投资咨询、信用评级、质量管理、数据服务、追溯服务、人力资源等领域专业服务,构建具有亚太乃至全球服务能力的专业服务网络。推进建设中国(上海)宝玉石交易中心,打造世界级的宝玉石集散中心。加强供应链安全建设。加强对重点产业供应链的分析与评估,探索建立跨区域、跨部门、跨产业的信息沟通、设施联通、物流畅通、资金融通、人员流通、政务联动等协同机制,加强对重点产业和区域的风险预警管理。增强供应链风险防范意识,制定和实施供应链多元化发展战略,着力在网络布局、流程管控、物流保障、应急储备、技术和人员管理等方面增强供应链弹性,促进供应链全链条安全、稳定、可持续发展。

19. 打造具有亚太影响力的大宗商品市场。加强市场监管配套制度建设。在钢铁、有色金属等领域,制定并完善产能预售、提单、远期交易等创新业务规则,建立相应的监管治理机制。探索为大宗商品现货离岸交易和保税交割提供与国际规则相接轨的跨境金融服务。提升大宗商品国际资源配置能力。积极布局亚太地区交割仓库、物流网络以及交易经纪业务,建立内外连接的大宗商品供应链体系。推动大宗商品交易人民币计价结算,推出更多能源和金属类大宗商品期货,打造大宗商品"中国价格"。推动浦东新区期现联动创新探索,开展预售交易业务试点。推动临港新片区设立国际油气交易平台。推进宝山建设钢铁领域亚太供应链管理中心示范区,打造集交易、结算、物流、金融、资讯等功能为一体的行业生态圈。

**(六)持续打造市场化、法治化、国际化营商环境,形成贸易投资制度创新高地**

对标国际最高标准、最好水平,围绕对内对外开放两个扇面,全力支持浦东进一步扩大高水平制度型开放,推进临港新片区和虹桥商务区"一东一西"国际贸易中心核心功能承载区建设,率先建成贸易流通更便利、法治保障更健全、专业人才支撑更完备的贸易投资制度创新高地。

20. 推进浦东新区、自贸试验区和临港新片区高水平制度型开放。支持浦东新区打造社会主义现代化建设引领区。全面落实国家支持浦东新区高水平改革开放的意见，着力强化开放窗口、枢纽节点、门户联通功能，率先推进规则、规制、管理、标准等高水平制度型开放，率先加大现代服务业和先进制造业对外开放力度。建立与国际高标准规则相一致的跨境服务贸易制度，大力发展专业服务、商贸物流、旅游、会展等跨境服务。支持自贸试验区和临港新片区构建更高水平开放型经济新体制的试验田。对标最高标准、最好水平，实行更大程度的压力测试，加快推动自贸试验区和临港新片区由商品要素流动型开放向规则制度型开放转变。把握 RCEP 签署机遇，对标 CPTPP，在数字经济、互联网和电信、金融、教育、医疗、文化、知识产权等领域先行先试高标准经贸规则。加快建设临港新片区更具国际市场影响力和竞争力的特殊经济功能区，努力推动投资自由、贸易自由、资金自由、运输自由、人员从业自由、数据跨境流动安全有序，持续释放制度创新集成效应。建立以安全监管为主、体现更高水平贸易自由化便利化的货物贸易监管制度。建设高水平的洋山特殊综合保税区，推进国际物流、中转集拼、大宗商品等优势业态发展，拓展保税研发、保税制造、保税维修等新业态。研究推进加工制造、研发设计、物流分拨、检测维修等专项政策在特殊综合保税区制度环境下的集成和创新。探索实施洋山特殊综合保税区主分区制度。

21. 推进虹桥商务区打造上海国际贸易中心新平台。做大进口商品集散规模。推进国家级进口贸易促进创新示范区建设，培育保税展示、保税交易、价格形成、信息发布等核心功能，扩大保税交易规模，鼓励跨境电商创新发展。增强虹桥海外贸易中心功能，优化提升服务能级，吸引集聚国际经贸仲裁机构、贸易促进协会商会等组织，建设高能级贸易主体集聚地，推动贸易功能向国际交流、平台展示和贸易消费功能升级。推动服务贸易创新发展。依托虹桥临空经济示范区，发展航空服务业及配套产业，支持给予虹桥国际机场空运整车进口口岸资质，优化拓展虹桥机场国际航运服务。建设全球航空企业总部基地和高端临空服务业集聚区。鼓励新虹桥国际医学中心发展医疗服务贸易。积极吸引管理、会计、法律等咨询服务机构入驻，推动专业服务业集聚发展。支持在电子商务、数字贸易、供应链管理等领域培育引进一批独角兽企业和行业龙头企业。加快形成联通全球的数字贸易枢纽。充分发挥数字贸易龙头企业的带动作用,支持符合条件的境外企业探索数字贸易增值服务试点。持续优化数字贸易综合营商环境,建设虹桥商务区数字贸易重点区域,支持虹桥临空经济示范区建立国家数字服务出口基地。持续提升服务辐射长三角的能力。构建国际会展之都的重要承载区,推动高端商务、会展、交通功能深度融合。加强海关特殊监管区域建设,推动综合保税区与长三角区域内自由贸易试验区协同发展。加大与长三角协同联动力度,推动长三角生态绿色一体化发展示范区和虹桥国际开放枢纽拓展带建设。鼓励长三角地区各类品牌展会和贸易投资促进活动加强协调,支持长三角企业在虹桥商务区设立总部和功能性机构。

22. 优化跨境贸易营商环境。深化跨境贸易降费提速改革。对标国际最高标准、最好水平、最前沿实践,聚焦优流程、减单证、提效率、降费用、可预期,助力我国在世界银行营商环境跨境贸易指标排名位居海运经济体前列。进一步削减进出口验核单证,通过监管环节电子化、集约化,探索"云监管"和"云服务"。推动建立降费传导机制,提高企业感受度。深化中国(上海)国际贸易"单一窗口"建设。丰富银行、税务、保险等特色功能,拓展大数据、区块链等新技术应用试点,打造口岸"通关港航物流"服务平台。探索建立进出口企业信用评价体系,实施贸易融资、信用保险、出口退税等信用应用。推动跨境贸易便利化措施适用至所有海运、空运和海铁联运货物,并探索拓展至边境后管理领域。健全适应贸易高质量发展的法规制度体系。对标国际高标准贸易投资规则,不断完善国际贸易中心建设相关的地方法规制度体系,加强平台经济、总部经济、贸易消费数字化转型等领域立法调研,适时推动出台相关地方立法。完善海外知识产权维权援助服务机制,健全知识产权海外维权网络体系,支持重点行业、企业建立知识产权海外维权联盟,促进知识产权保护领域的国际交流与合作。

23. 优化国际经贸人才发展环境。加大海内外优秀人才引进力度。聚焦国际贸易中心建设紧缺急需人才，推动人才引进政策向重点区域、重点领域、重点机构聚力，鼓励重点功能区实施差异化特殊人才政策。完善经贸人才引进重点机构目录和动态调整机制，支持在线新经济、商贸会展等重点领域和各类总部型机构引进优秀人才。强化高水平人才队伍培育。完善市场化、社会化的国际贸易中心人才培养体系，统筹推动高端领军、专业技能、质量管理等各类人才队伍建设。整合各类优质培训研修交流资源，深入开展国际商务领域高端人才专项培育，探索建立国际贸易中心建设高端智库。加快推动高技能人才培养基地、技能大师工作室、工匠创新工作室等载体建设，培育国际贸易中心建设高技能人才。

## 四、保障措施

24. 发挥贸易与金融、航运、科技创新互相促进的作用。大力发展贸易金融。积极探索资金跨境自由流动的管理制度，积极推进人民币跨境使用，着力推进货物贸易外汇收支便利化试点，促进离岸贸易、转口贸易、跨境电商等新型国际贸易发展。加强贸易与航运联动发展。大力吸引国际性航运专业组织和功能性机构落户，加快优化集疏运体系和海空铁多式联运体系，持续增强长三角贸易综合竞争力。强化贸易与科技创新的相互促进。着力吸引和集聚各类国际创新资源，推进国家技术转移东部中心、上海国际技术进出口促进中心、南南全球技术产权交易所参与国际技术交流与合作，鼓励外资研发机构与本土机构组建国际研发联盟和联合研究机构，构建面向国际的创新合作新平台。

25. 全面提升防范应对风险能力。积极参与和服务国家涉外法治工作战略布局，提高以法治方式应对挑战、防范风险、反制打压的能力。持续跟踪国际经贸发展趋势，及时研判风险挑战。建立全球性突发事件应急预案，加强区域产业链、供应链安全监测，促进供应链开放、稳定、安全。拓展公平贸易公共服务平台与载体,持续开展国际贸易风险防控与法律实务培训,提升贸易摩擦应对、贸易投资合规指导的精准性与有效性。深化产业损害预警体系建设,搭建上海国际经贸政策工具箱,构建面向国际的经贸商事争议解决平台。

26.强化规划实施组织保障。发挥市推进上海国际贸易中心建设领导小组作用,加强统筹协调,优化财政资金支持的内容和方式,保障重大项目、重大平台、重大政策顺利实施。深入落实推进浦东高水平改革开放和三项新的重大任务,承担更多国家级贸易、投资、消费和流通领域改革试点任务。健全政府与企业、市民的信息沟通和交流机制,发挥新闻媒体、群众社团的桥梁和监督作用,完善国际贸易中心建设动态监测和评估体系,推动规划有效实施。

# 附件二

## 《中国（上海）自由贸易试验区跨境服务贸易负面清单管理模式实施办法》

（上海市人民政府 2018 年 9 月 29 日印发）

**第一条 （目的与依据）**

为推进中国（上海）自由贸易试验区（以下简称"自贸试验区"）建设，进一步扩大服务贸易领域对外开放，根据相关法律法规和《全面深化中国（上海）自由贸易试验区改革开放方案》（国发〔2017〕23 号）、《国务院关于同意深化服务贸易创新发展试点的批复》（国函〔2018〕79 号），探索自贸试验区跨境服务贸易负面清单管理模式，制定本办法。

**第二条 （定义与适用范围）**

本办法适用于自贸试验区内跨境服务贸易的管理和开放。

本办法所称跨境服务贸易，是指由境外服务提供者向自贸试验区内消费者提供服务的商业活动，包含自境外向自贸试验区内提供服务，即跨境交付模式；在境外向来自自贸试验区内的消费者提供服务，即境外消费模式；境外服务提供者通过在自贸试验区内的自然人存在提供服务，即自然人流动模式。

**第三条 （基本原则）**

坚持"大胆闯、大胆试、自主改"。通过在自贸试验区探索跨境服务贸易负面清单管理模式等，构建自贸试验区服务贸易法治化、国际化、便利化的营商环境，为服务贸易领域进一步扩大开放进行压力测试，为建设国际经济、金融、贸易、航运、科技创新"五个中心"，服务"一带一路"倡议和长江经济带建设提供支持。

坚持法治理念。遵循权责法定，推进负面清单管理模式的法治化、制度化、规范化、程序化，做到于法有据、便捷适度、监管到位。

坚持制度创新。发挥自贸试验区改革开放试验田的作用，率先在跨境服务贸易领域扩大开放及事中事后监管与风险防控领域，形成一批可复制推广的经验成果。

### 第四条（管理模式）

依据现行法律、法规、规章和国家有关规定，本市在自贸试验区编制发布《中国（上海）自由贸易试验区跨境服务贸易特别管理措施（负面清单）》(以下简称《负面清单》)，构建与《负面清单》管理模式相匹配，权责明确、公平公正、透明高效、法治保障的跨境服务贸易监管体系。

《负面清单》根据国民经济行业分类，统一列明跨境服务贸易领域对境外服务和服务提供者采取的与国民待遇不一致、市场准入限制、当地存在要求等特别管理措施。

### 第五条（部门职责）

自贸试验区推进工作领导小组统筹协调跨境服务贸易扩大开放与事中事后监管。

各行业主管部门依法履行对跨境服务贸易的监管职责，并逐步完善本行业跨境服务贸易管理措施。

自贸试验区管委会负责会同相关部门实施《负面清单》，完善跨境服务贸易统计分析制度，监测运行情况，适时提出符合自贸试验区跨境服务贸易发展方向的建议。

外汇、税务、出入境、通信、海关等管理部门配合跨境服务贸易领域管理措施的具体实施。

### 第六条 （清单内管理）

对列入《负面清单》的跨境服务贸易行为，由各有关部门按照相应规定实施管理。

各有关部门应本着"程序简化、流程优化、精简便利"的原则，不断推动跨境服务贸易便利化改革。

### 第七条 （清单外管理）

对《负面清单》以外的跨境服务贸易行为，在自贸试验区内，按照境外服务及服务提供者与境内服务及服务提供者待遇一致的原则实施管理。

《负面清单》中未列出的与国家安全、公共秩序、文化、金融、政府采购等相关措施，按照现行规定执行。

### 第八条 （改革措施）

本市积极推进自贸试验区跨境服务贸易对外开放，对《负面清单》所列特别管理措施，根据实践情况，适时向国家提出调整建议，并配套完善《负面清单》相关内容。

对于跨境服务贸易进一步开放试点领域，由自贸试验区管委会会同相关管理部门探索在资金流动、信息跨境、人员流动等方面，建立相应事中事后监管制度。

### 第九条 （风险防范）

各行业主管部门应针对试点开放领域与关键环节，建立风险防控机制，防范产业、数据、资金、人员等方面的安全风险。

### 第十条 （部门联动）

发挥市服务贸易发展联席会议功能，建立跨部门信息通报及联动制度，深化跨境服务贸易开放与创新，落实开放过程中的风险监测、分析与预警，提升跨境服务贸易协同监管水平。

### 第十一条 （协同促进）

鼓励和支持在跨境服务贸易领域构建市场主体主导、协会组织配合、政府部门推动的协同促进格局，全面提升自贸试验区开放条件下的服务贸易竞争力。

### 第十二条 （实施情况评估）

综合运用第三方评估、社会监督评价等方式，科学评估《负面清单》实施情况，并根据评估情况，推进扩大开放，完善试点内容，出台制度创新措施。

### 第十三条 （参照执行）

香港特别行政区、澳门特别行政区、台湾地区的服务和服务提供者，参照境外服务和服务提供者执行。

### 第十四条 （效力说明）

本办法实施后，有关法律、法规、规章及规定对跨境服务贸易特别管理措施作出修改调整的，国家在跨境服务贸易领域制定新措施的，或者国家批准在自贸试验区进行跨境服务贸易改革试点的，按照相关规定执行，并适时对《负面清单》进行修订。

根据《内地与香港关于建立更紧密经贸关系的安排》及其后续协议、

《内地与澳门关于建立更紧密经贸关系的安排》及其后续协议、《海峡两岸经济合作框架协议》及其后续协议、我国与有关国家签订的自由贸易区协议和投资协定、我国参加的国际条约对跨境服务贸易有更优惠开放措施的，按照相关协议或协定的规定执行。

### 第十五条（施行日期）

本实施办法自 2018 年 11 月 1 日起施行。

# 附件三

# 《中国（上海）自由贸易试验区跨境服务贸易特别管理措施（负面清单）（2018 年）》

| 代码 | 类别名称 | 序号 | 特别管理措施 |
|------|----------|------|--------------|
| A | | | 农、林、牧、渔业 |
| 05 | 农、林、牧、渔专业及辅助性活动 | 1 | 在中国境内没有经常居所或者营业场所的境外机构、个人在境内申请种子品种审定或者登记的，须委托具有法人资格的境内种子企业代理 |
| | | 2 | 境外人员在中国境内采集农作物种质资源、中外联合考察农作物种质资源，须经批准。从境外引进农作物种质资源，按有关规定办理 |
| | | 3 | 外国人、外国渔业船舶进入中国管辖水域，从事渔业资源调查活动，须经批准；经批准从事生物资源调查活动，须采用与中方合作方式 |
| | | 4 | 从境外引进畜禽遗传资源的，须经畜牧兽医行政主管部门批准 |
| E | | | 建筑业 |
| 48 | 土木工程建筑业 | 5 | 外国监理公司承揽水运工程施工监理，须经交通主管部门认可，并在工程所在地工商行政管理部门登记注册 |
| F | | | 批发和零售业 |
| 51、52 | 批发业、零售业 | 6 | 出版物进口业务，须由中国出版物进口经营单位经营 |
| | | 7 | 进口电子出版物成品，须经新闻出版主管部门批准 |
| | | 8 | 进口出版物及用于展览、展示的音像制品，须经出版行政主管部门批准 |

（续表）

| 代码 | 类别名称 | 序号 | 特别管理措施 |
|---|---|---|---|
| 51、52 | 批发业、零售业 | 9 | 文化产品进口，由中国文化产品进口企业经营 |
| | | 10 | 境外申请人办理进口药品注册，须由其驻中国境内的办事机构办理，或者委托中国境内代理机构办理 |
| | | 11 | 境外申请人或者备案人办理进口医疗器械（或体外诊断试剂）注册或者备案的，须通过其在中国境内设立的代表机构办理，或委托中国企业法人代理 |
| | | 12 | 境外申请人在中国进行国际多中心药物临床试验，须经药品监督管理部门批准，并遵守临床试验药物、不良反应报告、试验报告、试验数据、研究资料等方面的管理要求 |
| | | 13 | 进口第一类监控化学品和第二类、第三类监控化学品及其生产技术、专用设备，须委托中国政府指定单位代理 |
| G | | | 交通运输、仓储和邮政业 |
| 53 | 铁路运输业 | 14 | 在中国境内从事铁路旅客、货物公共运输营业，须为中国铁路运输企业 |
| 54 | 道路运输业 | 15 | 在中国境内运营城市公共汽电车线路，须为中国公共汽电车线路运营企业 |
| | | 16 | 在上海市从事巡游出租车、网络预约出租汽车驾驶的自然人须为本市户籍 |
| | | 17 | 外国国际道路运输经营者不得从事中国国内道路旅客和货物运输经营，不得在中国境内自行承揽货物或者招揽旅客 |
| | | 18 | 外国国际道路运输经营者的车辆在中国境内运输，应符合国籍识别标志、车辆登记、运输线路等相关规定。驾驶人员应持有与其驾驶的车辆类别相符的本国或国际驾驶证件 |
| 55 | 水上运输业 | 19 | 在中国境内经营无船承运和报关业务，须为中国企业法人 |
| | | 20 | 中国籍船舶的船长须由中国籍船员担任 |
| | | 21 | 境外相关企业、组织和个人不得经营或变相经营中国国内水路运输业务及水路运输辅助业务；水路运输经营者使用外国籍船舶经营国内水路运输业务须经许可；外国籍船舶经营中国港口之间的海上运输和拖航，须经交通主管部门批准 |
| | | 22 | 境外相关企业、组织和个人不得经营中国国内船舶管理、船舶代理、水路旅客运输代理和水路货物运输代理等水路运输辅助业务 |

（续表）

| 代码 | 类别名称 | 序号 | 特别管理措施 |
|---|---|---|---|
| 55 | 水上运输业 | 23 | 外国公司、企业和其他经济组织或者个人在中国内海、领海铺设海底电缆、管道以及为铺设所进行的路由调查、勘测等活动，须经海洋管理部门批准；在中国大陆架上进行上述活动，其确定的海底电缆、管道路由，须经海洋管理部门批准；外国船舶进入中国内海、领海进行海底电缆、管道的维修、改造、拆除活动，须经海洋管理部门批准 |
| | | 24 | 外国船舶检验机构在中国境内开展船舶检验活动，须在中国设立验船公司 |
| | | 25 | 在中国从事内河船舶船员服务业务，须为中国法人 |
| | | 26 | 外国籍船舶在中国引航区内航行或者靠泊、离泊、移泊（顺岸相邻两个泊位之间的平行移动除外）以及靠窗引航区外系泊点、装卸站，须申请引航 |
| | | 27 | 外国的企业或者其他经济组织或者个人参与打捞中国沿海水域沉船沉物，应与中方签订共同打捞合同或成立中外合作打捞企业 |
| | | 28 | 在中国境内从事港口经营、港口理货业务，须为中国企业 |
| 56 | 航空运输业 | 29 | 在中国境内从事公共航空运输，须为中国公司；外国民用航空器的经营人经营中国政府与该外国政府签订的协定、协议规定的国际航班运输或者中国境内一地和境外一地之间的不定期航空运输，须经其本国政府指定，并经中国民用航空主管部门批准 |
| | | 30 | 外国民用航空器经营人，须依法制定安全保卫方案，报民用航空主管部门备案 |
| | | 31 | 外国民用航空器的经营人，不得经营中国境内两点之间的航空运输 |
| | | 32 | 在中国航空器上担任驾驶员，须持有民用航空主管部门颁发或认可的驾驶员执照。担任中国航空器的领航员、飞行机械员、飞行通信员，须持有民用航空主管部门颁发的执照；当该航空器在外国运行时，外籍领航员、飞行机械员、飞行通信员可使用航空器运行所在国颁发的有效执照，但须持有民用航空主管部门颁发的认可证书。担任在中国境内运行的外国航空器的领航员、飞行机械员、飞行通信员，须持有民用航空主管部门颁发的执照或认可证书 |

（续表）

| 代码 | 类别名称 | 序号 | 特别管理措施 |
|---|---|---|---|
| 56 | 航空运输业 | 33 | 境外通用航空企业在中国境内开展经营活动的管理办法，由民航局另行规定 |
| | | 34 | 经营无人驾驶航空器业务，须为中国企业法人，且法定代表人为中国籍公民 |
| | | 35 | 外籍航空器或者由外籍人员单独驾驶的中国航空器，不得在中国境内从事航空摄影、遥感测绘、矿产资源勘查等重要专业领域的通用航空飞行 |
| | | 36 | 外国航空公司驻中国民用航空机场的工作人员在中国境内使用的无线电通信设备，外国航空公司在中国境内使用的地空通信无线电台，须由民航主管部门提供、设置；外国民用航空器载有的无线电台设备在中国境内停机坪停留期间的使用，须经特许 |
| | | 37 | 外国航空运输企业委托其在中国境内指定的销售代理直接进入和使用外国计算机订座系统并使用该外航票证销售相关国际客票，须经民航主管部门许可 |
| | | 38 | 在中国境内经营国内航空服务，须为中国公共航空运输企业 |
| | | 39 | 为中国航空运营人进行驾驶员执照和等级训练的境外驾驶员学校，其所在国须为国际民用航空公约缔约国，该校具有其所在国民航当局颁发的航空运行合格证或类似批准书，并获得中国民航主管部门许可 |
| | | 40 | 在中国境内经营民用机场管理业务，须为中国法人 |
| 58 | 多式联运和运输代理业 | 41 | 在中国境内从事国际货物运输代理业务，须为中国企业法人 |
| 60 | 邮政业 | 42 | 在中国境内经营快递业务，须为中国企业法人 |
| | | 43 | 境外邮政不得在中国境内提供邮政服务 |
| I | | | 信息传输、软件和信息技术服务业 |
| 63 | 电信、广播电视和卫星传输服务 | 44 | 在中国境内经营电信业务，须为中国电信业务经营公司 |
| | | 45 | 在中国境内从事国际通信业务须通过国际通信出入口局进行。在中国境内设置、维护国际通信出入口，须由中国电信业务经营者进行 |

（续表）

| 代码 | 类别名称 | 序号 | 特别管理措施 |
|---|---|---|---|
| 63 | 电信、广播电视和卫星传输服务 | 46 | 境外组织或个人不得在中国境内进行电波参数测试或电波监测 |
| | | 47 | 国家广播电视主管部门指定国有广播电视机构根据规划，统一代理用于传输广播电视节目的卫星转发器租用或使用事宜；境外卫星公司在国内提供卫星转发器出租服务，须通过符合条件的中国卫星公司转租，并负责技术支持、市场营销、用户服务和用户监管等；境外卫星公司直接向中国国内用户经营卫星转发器出租业务，须经通信主管部门批准 |
| | | 48 | 在中国境内从事卫星地面接收设施安装服务，须为中国法人 |
| | | 49 | 境外卫星电视频道在中国境内落地，须经广播电视主管部门批准，并符合范围、类别等相关规定 |
| | | 50 | 引进境外电视节目、专门用于信息网络传播的境外影视剧，须经广播电视主管部门批准，并符合有关总量、题材、产地等相关规定；不得利用信息网络转播境外广播电视节目、链接或集成境外互联网站的视听节目 |
| 64 | 互联网和相关服务 | 51 | 关键信息基础设施的运营者应当在中国境内存储在运营中收集和产生的个人信息和重要数据；因业务需要，确需向境外提供，须依法进行安全评估；在中国境内收集的个人金融信息的储存、处理和分析须在中国境内进行 |
| 65 | 软件和信息技术服务业 | 52 | 在中国没有经常居所或者营业所的外国人、外国企业或者外国其他组织在中国申请布图设计登记和办理其他与布图设计有关的事务，须委托知识产权主管部门指定的专利代理机构办理 |
| J | | | 金融业 |
| 66 | 货币金融服务 | 53 | 除提供和转让金融数据信息、金融数据处理、与其他金融服务提供者有关的软件、咨询、中介等附属服务外，在中国境内经营银行及其他金融服务（不包括保险和证券），须为中国金融机构；跨境金融网络与信息服务提供者须履行事前事项报告、变更事项报告、应急事项报告等合规义务；境外提供人不得在境内建设专用金融网络提供金融信息传输等服务 |
| | | 54 | 在中国境内从事货币经纪业务，须为中国货币经纪公司 |

（续表）

| 代码 | 类别名称 | 序号 | 特别管理措施 |
|---|---|---|---|
| 67 | 资本市场服务 | 55 | 除以下情形，在中国境内经营证券业务，须为中国证券公司：<br>（1）经批准取得境外上市外资股（B股）业务资格的境外证券经营机构可通过与境内证券经营机构签订代理协议，或者证券交易所规定的其他方式从事境内上市外资股经纪业务；<br>（2）经批准取得境内上市外资股业务资格的境外证券经营机构担任境内上市外资股主承销商、副主承销商和国际事务协调人；<br>（3）境外证券服务机构代理合格境内机构投资者买卖境外证券；<br>（4）符合法定条件的境外投资顾问代理合格境内机构投资者进行境外证券投资；<br>（5）符合法定条件的境外资产托管人代理境外资产托管业务 |
| | | 56 | 公开募集证券投资基金的管理机构，须为在中国境内依法设立的证券公司、保险资产管理公司及专门从事非公开募集证券投资基金管理业务的资产管理机构 |
| | | 57 | 在中国境内从事公开募集证券投资基金管理业务，须为中国基金管理公司或经国务院证券监督管理机构核准的其他机构 |
| | | 58 | 仅符合条件在中国境内设立的公司可申请登记为私募证券基金管理人在中国境内开展私募证券基金管理业务 |
| | | 59 | 在中国境内从事证券投资基金托管业务，须为取得基金托管资格的中国商业银行或其他金融机构 |
| | | 60 | 境外基金管理机构、保险公司、证券公司以及其他资产管理机构投资中国境内证券，须经证券管理部门批准并取得外汇管理部门额度批准，并须委托符合法定条件的中国商业银行托管资产，委托境内证券公司办理境内证券交易活动 |
| | | 61 | 在中国境内从事基金销售业务，须为中国基金管理人及经证券管理部门及其派出机构注册的其他机构 |
| | | 62 | 仅依据中国法成立的证券经营机构、期货经纪机构、其他从事咨询业务的机构经批准可从事证券、期货投资咨询业务 |
| | | 63 | 境外证券服务贸易提供者须为合格境外机构投资者 |
| | | 64 | 在中国境内从事证券市场资信评级业务，须为中国法人 |

（续表）

| 代码 | 类别名称 | 序号 | 特别管理措施 |
|---|---|---|---|
| 67 | 资本市场服务 | 65 | 境外证券经营机构不得成为中国证券交易所的会员，境外证券经营机构设立的驻华代表处，经申请可以成为交易所特别会员 |
| | | 66 | 中央国债登记结算有限责任公司、上海清算所为银行间债券市场提供登记、托管、结算服务 |
| | | 67 | 在中国境内从事国债承销业务，须为中国债券承销机构 |
| | | 68 | 中国境内信托登记业务，由中国信托登记有限责任公司负责 |
| | | 69 | 期货交易所会员须为中国企业法人或其他经济组织 |
| | | 70 | 境外期货交易所及境外其他机构不得在境内指定或者设立商品期货交割仓库以及从事其他与商品期货交割业务相关的活动 |
| | | 71 | 境外央行（货币当局）和其他官方储备管理机构、国际金融组织、主权财富基金进入中国银行间外汇市场，须通过人民银行代理或通过中国银行间外汇市场会员代理或直接成为中国银行间外汇市场境外会员 |
| | | 72 | 除上海黄金交易所和上海期货交易所外，任何机构、个人均不得设立黄金交易所（交易中心），也不得在其他交易场所（交易中心）内设立黄金交易平台。外国黄金交易市场不得跨境直接招揽中国客户，中国居民参与境外黄金市场交易，须通过取得 QDII 资质的机构和上海黄金交易所 |
| | | 73 | 银行参加外币支付系统应以境内法人或管理行为单位接入外币支付系统，并在代理结算银行开立外币结算账户 |
| | | 74 | 境外机构投资者投资中国银行间债券市场，须为符合要求的境外金融机构，上述金融机构发行的投资产品，及中国人民银行认可的其他中长期机构投资者 |
| 68 | 保险业 | 75 | 在中国境内经营保险业务，须为中国保险公司及法律、行政法规规定的其他保险组织；以境外消费方式提供的除保险经纪外的保险服务不受上述限制，以跨境交付方式提供的下列保险服务，不受上述限制：再保险；国际海运、空运和运输保险；大型商业险经纪、国际海运、空运和运输保险经纪、再保险经纪 |
| | | 76 | 禁止非法销售境外保险产品 |

（续表）

| 代码 | 类别名称 | 序号 | 特别管理措施 |
|---|---|---|---|
| 69 | 其他金融业 | 77 | 仅中国期货公司可根据国务院期货监督管理机构按照其商品期货、金融期货业务种类颁发的许可证，经营下列期货业务：境内期货经纪业务、境外期货经纪、期货投资咨询以及国务院期货监督管理机构规定的其他期货业务；仅中国期货公司可根据国务院期货监督管理机构的要求，在依法登记备案后，从事资产管理业务 |
| | | 78 | 经期货交易所批准，符合条件的境外经纪机构可以接受境外交易者委托，直接在期货交易所以自己的名义为境外交易者进行境内特定品种期货交易。前述直接入场的境外经纪机构所在国（地区）期货监管机构应已与中国证监会签署合作谅解备忘录。境外经纪机构不得接受境内交易者委托，为其进行境内期货交易 |
| | | 79 | 在中国境内申请期货保证金存管业务资格，须为中国境内设立的全国性银行业金融机构法人 |
| | | 80 | 仅为跨境交易提供外币的银行卡清算服务的境外机构，原则上可不在中国境内设立银行卡清算机构，但对境内银行卡清算体系稳健运行或公众支付信心具有重要影响的，须在中国境内设立法人，依法取得银行卡清算业务许可证 |
| | | 81 | 从事企业年金基金管理业务的法人受托机构、账户管理人、托管人和投资管理人须经金融监管部门批准，并为中国法人 |
| | | 82 | 在中国境内从事非金融机构支付业务，须为中国有限责任公司或股份有限公司，且为非金融机构法人 |
| | | 83 | 外国机构在中国境内提供金融信息服务，须经新闻出版主管部门批准 |
| L | | | 租赁和商务服务业 |
| 72 | 商务服务业 | 84 | 外国律师事务所、其他组织或者个人不得在中国境内从事法律服务活动 |
| | | 85 | 在中国境内从事法定审计业务，须取得中国注册会计师执业资格，并加入中国会计师事务所 |
| | | 86 | 在中国境内从事拍卖业务，须为中国拍卖公司 |

（续表）

| 代码 | 类别名称 | 序号 | 特别管理措施 |
|------|----------|------|--------------|
| 72 | 商务服务业 | 87 | 在中国境内从事代理记账业务，须为取得代理记账许可的中国机构 |
| | | 88 | 境外组织、个人在中国境内进行统计调查活动，须委托中国境内具有涉外统计调查资格的机构进行，并经统计主管部门批准；涉外社会调查项目，须经统计主管部门批准 |
| | | 89 | 境外组织和个人不得在境内直接进行市场调查和社会调查，不得通过未取得涉外调查许可证的机构进行市场调查和社会调查 |
| | | 90 | 外国公司、企业和其他经济组织在中国境内从事人才中介服务活动，须与中国公司、企业和其他经济组织合资经营，设立专门的人才中介机构 |
| | | 91 | 在中国境内从事因私出入境中介活动，须为中国因私出入境中介企业 |
| | | 92 | 境外企业、自然人及外国驻华机构不得在中国境内从事境外就业中介活动，不得直接在中国境内招收劳务人员或境外就业人员 |
| | | 93 | 境外机构在中国境内举办经济技术展览会，须联合或委托中国境内有主办资格的单位进行 |
| | | 94 | 境外征信机构在中国境内从事征信业务，须经征信业监督管理部门批准 |
| M | | | 科学研究和技术服务业 |
| 73 | 研究和试验发展 | 95 | 属于禁止进口的技术，不得进口；属于限制进口的技术，实行许可证管理 |
| | | 96 | 任何国际组织、外国的组织或者个人在中国领海、专属经济区、大陆架进行科学研究，或者在中国领海进行海洋作业，或者对中国的专属经济区和大陆架的自然资源进行勘查、开发活动，或者在中国的大陆架上进行钻探，须经批准 |
| | | 97 | 外国人、外国组织在中国领域和中国管辖的其他海域发掘古生物化石，须经国土资源主管部门批准，采取与符合条件的中方单位合作的方式，并遵守有关古生物化石发掘、收藏、进出境的规定 |

（续表）

| 代码 | 类别名称 | 序号 | 特别管理措施 |
|---|---|---|---|
| 73 | 研究和试验发展 | 98 | 人类遗传资源采集、收集、买卖、出口、出境，包括我国人类遗传资源的国际合作项目，须由中方合作单位办理报批手续，经审核批准后方可正式签约 |
| 74 | 专业技术服务业 | 99 | 在中国境内从事认证活动，须为中国认证机构。境外认证机构在中国境内从事与机构业务范围相关的推广活动，须通过其在中国设立的代表机构进行；境内的认证机构、检查机构、实验室取得境外认可机构认可的，须向认证认可监督管理部门备案 |
| | | 100 | 在中国境内从事向社会出具具有证明作用的数据、结果的检验检测活动，须为中国检验检测机构 |
| | | 101 | 外国企业和其他经济组织或者个人在中国从事城乡规划编制服务的，须设立外商投资企业，取得城乡规划编制单位资质证书，在相应资质等级许可范围内，承揽城市、镇总体规划服务以外的城乡规划编制工作 |
| | | 102 | 国际组织、外国的组织或者个人对中国的专属经济区和大陆架的自然资源进行勘查、开发活动或者在中国的大陆架上进行钻探，须经批准 |
| | | 103 | 外国的组织和个人在中国领域和中国管辖的其他海域从事气象活动，须经气象主管机构会同有关部门批准 |
| | | 104 | 外国的组织或者个人在中国领域和中国管辖的其他海域从事地震监测活动，须经地震工作主管部门会同有关部门批准，并采取与中外合作的形式进行 |
| | | 105 | 外国的组织或者个人在中国领域和管辖的其他海域从事测绘活动，须经测绘行政主管部门会同军队测绘主管部门批准，并采取中外合作的形式进行 |
| | | 106 | 禁止外国企业参与设计保密工程、抢险救灾工程和我国未承诺对外开放的其他工程；外国企业承担境内建设工程设计，须选择至少一家持有建设行政主管部门颁发的建设工程设计资质的中方设计企业进行中外合作设计，且在所选择的中方设计企业资质许可的范围内承接设计业务 |

（续表）

| 代码 | 类别名称 | 序号 | 特别管理措施 |
|---|---|---|---|
| 75 | 科技推广和应用服务业 | 107 | 外国人或者外国企业在中国申请商标注册和办理其他商标事宜的，须委托中国商标代理机构办理；在中国没有经常居所或者营业所的外国人、外国企业或者外国其他组织在中国申请专利，须依照其所属国同中国签订的协议或者共同参加的国际条约，或依照互惠原则，委托中国专利代理机构办理 |
| N | | | 水利、环境和公共设施管理业 |
| 76 | 水利管理业 | 108 | 外国组织或者个人在中国从事水文活动的，须经水行政主管部门会同有关部门批准 |
| 77 | 生态保护和环境治理业 | 109 | 在中国境内从事放射性固体废物处置活动的，须为中国企业法人 |
| | | 110 | 外国人进入自然保护区及在自然保护区内从事采集标本等活动，须经自然保护区管理机构批准 |
| | | 111 | 外国人在中国境内狩猎，须在林业行政主管部门批准的对外国人开放的狩猎场所内进行 |
| | | 112 | 外国人在中国对国家重点保护野生动物进行野外考察或者在野外拍摄电影、录像，须经野生动物保护主管部门批准 |
| | | 113 | 外国人不得在中国境内采集或者收购国家重点保护野生植物 |
| O | | | 居民服务、修理和其他服务业 |
| 80 | 居民服务业 | 114 | 在中国境内从事典当活动，须为中国典当公司 |
| | | 115 | 在中国境内从事印章刻制、音像制品复制等特种行业，须为中国法人和组织；特种行业和公共场所单位聘用的境外从业人员须持有合法的身份证明以及国家和本市规定的其他条件 |
| P | | | 教育 |
| 83 | 教育 | 116 | 各级各类学校（除高等学校）一般不聘请外籍教师来校任教。高等学校聘请专家、外教，须经教育主管部门批准。宗教院校聘用外籍专业人员以短期讲学为主，时间限半年以内；长期任教时间限一年以内；不得聘用外籍专业人员担任宗教院校的行政领导职务 |

（续表）

| 代码 | 类别名称 | 序号 | 特别管理措施 |
|---|---|---|---|
| 83 | 教育 | 117 | 外国教育服务提供者除通过其在中国境内设立的中外合作办学机构外，不得以跨境提供方式向中国境内提供远程教育服务 |
| | | 118 | 外国宗教组织、宗教机构、宗教院校和宗教教职人员不得在中国境内从事合作办学活动 |
| | | 119 | 国外职业资格证书机构、有关法人团体以及国际组织在中国境内开展职业资格证书考试发证和活动，须与中方机构合作 |
| | | 120 | 境外机构不得单独在中国境内举办教育考试 |
| | | 121 | 境外机构和个人不得在中国境内从事自费出国留学中介服务活动 |
| Q | | | 卫生和社会工作 |
| 84 | 卫生 | 122 | 外国医师来华短期行医须注册并取得短期行医许可证 |
| R | | | 文化、体育和娱乐业 |
| 86 | 新闻和出版业 | 123 | 新闻出版中外合作项目，须经新闻出版主管部门批准 |
| | | 124 | 外国通讯社在中国境内发布新闻信息，须经新华通讯社批准，并由新华通讯社指定的机构代理。外国通讯社不得在中国境内直接发展新闻信息用户；外国新闻机构在中国境内设立常驻新闻机构、向中国派遣常驻记者，须经外交部批准，并办理外国常驻记者证以及居住证；常驻或短期采访，应办理记者签证 |
| | | 125 | 网络出版服务单位与境外组织及个人进行网络出版服务业务的项目合作，须经新闻出版主管部门批准 |
| | | 126 | 在中国境内提供互联网新闻信息服务，须为取得互联网新闻信息服务许可的中国法人；主要负责人、总编辑须为中国公民 |
| | | 127 | 互联网站链接境外新闻网站，登载境外新闻媒体和互联网站发布的新闻，须经互联网信息主管部门批准 |
| | | 128 | 境外出版机构在中国境内设立办事机构，须经新闻出版主管部门批准；著作权涉外机构、国（境）外著作权认证机构、外国和国际著作权组织在华设立代表机构，须经版权主管部门批准 |

（续表）

| 代码 | 类别名称 | 序号 | 特别管理措施 |
|---|---|---|---|
| 86 | 新闻和出版业 | 129 | 出版境外著作权人授权的电子出版物（含互联网游戏作品），进口用于出版的音像制品，以及进口用于批发、零售、出租等的音像制品成品，须经新闻出版主管部门审查批准 |
| | | 130 | 在中国境内举办境外出版物展览，须经出版行政主管部门批准 |
| | | 131 | 境外出版机构在中国境内与中国出版机构开展合作出版，须经新闻出版主管部门批准；图书和电子出版物出版单位出版境外著作权人的图书和电子出版物，须向版权主管部门办理出版合同登记 |
| | | 132 | 网络出版服务单位在网络上出版境外著作权人授权的网络游戏，须经新闻出版主管部门批准 |
| | | 133 | 外国的组织或者个人不得在中国境内从事互联网地图编制和出版活动 |
| 87 | 广播、电视、电影和影视录音制作业 | 134 | 聘用外国人参加广播影视节目制作的单位限定于中央和各省、自治区、直辖市、省会市、计划单列市的广播电台、电视台和其他广播电视节目制作单位，以及电影制片厂和具有摄制电影许可证或电视剧制作许可证的单位。聘用外国人参加广播影视节目制作活动，须经广播影视主管部门批准；邀请外国人参加临时性不支付报酬的广播影视节目制作活动，须向广播影视主管部门备案；广播电台、电视台不得聘请外国人主持新闻类节目 |
| | | 135 | 广播电台、电视台以卫星等传输方式进口、转播境外广播电视节目，须经广播影视主管部门批准 |
| | | 136 | 境外组织不得在中国境内独立从事电影摄制活动；境外个人不得在中国境内从事电影摄制活动 |
| | | 137 | 国产故事片原则上不得聘用境外导演，其他主创人员一般也须是我国公民。中外合作摄制的故事片，因题材、技术、角色等特殊需要聘用境外主创人员的，须经广播影视主管部门批准，并符合有关演员比例要求 |
| | | 138 | 在中国境内从事中外合作制作电视剧（含电视动画）活动，须经广播影视主管部门批准，并符合有关主创人员比例要求 |

（续表）

| 代码 | 类别名称 | 序号 | 特别管理措施 |
|---|---|---|---|
| 87 | 广播、电视、电影和影视录音制作业 | 139 | 中外合作摄制电影片中聘用境外主创人员的，须经广播影视行政部门批准，并符合有关演员比例要求 |
| | | 140 | 在中国境内从事互联网视听节目服务和专网及定向传播视听节目服务，须为中国信息网络传播法人 |
| | | 141 | 电影进口业务由指定单位经营 |
| | | 142 | 用于广播电台、电视台播放的境外电影、电视剧，须经广播影视主管部门批准。用于广播电台、电视台播放的境外其他广播电视节目，须经广播影视主管部门或者其授权的机构批准 |
| | | 143 | 引进境外纪录片实行总量控制，并须符合相关播出规定 |
| | | 144 | 境外动画片的引进，须为生产国产动画片的省级电视台、省会城市电视台、计划单列市电视台和国家新闻出版主管部门指定机构；境外动画片的引进、播放须符合比例、时段等规定 |
| | | 145 | 在中国举办国际性广播影视节（展）、中外政府间广播影视节（展）、节目交流活动和设评奖的全国性广播影视节（展），须经广播影视主管部门批准，由广播影视主管部门举办或与国家相关政府部门、地方政府等联合举办 |
| 88 | 文化艺术业 | 146 | 外国人入境完成短期营业性演出活动，须经文化行政部门批准 |
| | | 147 | 中国与外国进行的商业和有偿文化艺术表演及展览（展销）活动，须由经文化主管部门认定的有对外经营商业和有偿文化艺术表演及展览（展销）资格的机构、场所或团体提出申请，经文化主管部门批准 |
| | | 148 | 外国的文艺表演团体、个人不得在中国境内自行举办营业性演出，但可参加由中国境内的演出经纪机构举办的营业性演出，或受中国境内的文艺表演团体邀请参加该文艺表演团体自行举办的营业性演出。外国人不得从事营业性演出的居间、代理活动 |
| | | 149 | 境外组织或个人在中国境内进行非物质文化遗产调查，须与境内非物质文化遗产学术研究机构合作，经文化主管部门批准，并符合相关报告、资料规定 |

（续表）

| 代码 | 类别名称 | 序号 | 特别管理措施 |
|---|---|---|---|
| 89 | 体育 | 150 | 外国人来华登山，须经体育主管部门批准 |
| | | 151 | 除商业性、群众性国际体育赛事外，在中国举办国际体育赛事须经体育主管部门批准。境外非政府组织在中国境内开展体育活动，须经体育主管部门批准，并设立代表机构；境外非政府组织未设立代表机构，在中国境内开展临时体育活动的，须与中方合作，并经体育主管部门等批准后，向公安机关备案 |
| 90 | 娱乐业 | 152 | 福利彩票、体育彩票发行和组织销售，由中国彩票发行机构、彩票销售机构负责；境外彩票不得在中国境内发行、销售 |
| | 有关职业资格的限制措施 | 153 | 申请以下职业资格应为中华人民共和国公民：注册安全工程师执业资格、注册土木工程师（岩土）执业资格、勘察设计注册石油天然气工程师资格、勘察设计注册冶金工程师资格、勘察设计注册采矿／矿物工程师资格、勘察设计注册机械工程师资格、勘察设计注册环保工程师资格、勘察设计注册化工工程师执业资格、勘察设计注册电气工程师执业资格、勘察设计注册公用设备工程师执业资格、房地产估价师执业资格、造价工程师执业资格、注册消防工程师、法律职业资格、注册会计师、税务师职业资格、导游资格、注册设备监理执业资格、注册城乡规划师职业资格、专利代理人、教师资格、社会工作者职业资格、拍卖师执业资格、保安员、资产评估师、注册验船师、房地产经纪专业人员职业资格 |
| | | 154 | 境外自然人申请参加中国注册建筑师、勘察设计注册土木工程师（道路工程）、勘察设计注册土木工程师（港口与航道工程）、注册测绘师、医师、注册计量师、机动车检测维修专业技术人员、通信专业技术人员、执业兽医职业资格考试，按照特殊规定执行 |
| | 所有服务部门 | 155 | 外国企业、非企业经济组织在中国设立常驻代表机构的，须经批准，并办理登记手续 |
| | | 156 | 个人、法人和其他组织使用的计算机或者计算机信息网络，须通过接入网络进行国际联网 |

（续表）

| 代码 | 类别名称 | 序号 | 特别管理措施 |
|---|---|---|---|
| | 所有服务部门 | 157 | 登记为个体工商户的须为中国公民 |
| | | 158 | 外国人入境，除特殊规定，须申请办理签证，所持签证需办理居留证件的，须申请办理外国人居留证件 |
| | | 159 | 外国人入境后，须办理住宿登记 |

# 附件四

## 《中共中央、国务院关于推进贸易高质量发展的指导意见》

### （2019 年 11 月 19 日）

推进贸易高质量发展，是党中央面对国际国内形势深刻变化作出的重大决策部署，是奋力推进新时代中国特色社会主义事业的必然要求，是事关经济社会发展全局的大事。为加快培育贸易竞争新优势，推进贸易高质量发展，现提出如下意见。

### 一、总体要求

以习近平新时代中国特色社会主义思想为指导，全面贯彻党的十九大和十九届二中、三中、四中全会精神，坚持新发展理念，坚持推动高质量发展，以供给侧结构性改革为主线，加快推动由商品和要素流动型开放向规则等制度型开放转变，建设更高水平开放型经济新体制，完善涉外经贸法律和规则体系，深化外贸领域改革，坚持市场化原则和商业规则，强化科技创新、制度创新、模式和业态创新，以共建"一带一路"为重点，大力优化贸易结构，推动进口与出口、货物贸易与服务贸易、贸易与双向投资、贸易与产业协调发展，促进国际国内要素有序自由流动、资源高效配置、市场深度融合，促进国际收支基本平衡，实现贸易高质量发展，开创开放合作、包容普惠、共享共赢的国际贸易新局面，为推动我国经济社会发展和构建人类命运共同体作出更大贡献。

到 2022 年，贸易结构更加优化，贸易效益显著提升，贸易实力进一步增强，建立贸易高质量发展的指标、政策、统计、绩效评价体系。

### 二、加快创新驱动，培育贸易竞争新优势

（一）夯实贸易发展的产业基础。发挥市场机制作用，促进贸易与产业互动，推进产业国际化进程。加快发展和培育壮大新兴产业，推动重点领域率先突破。优化升级传统产业，提高竞争力。加快发展现代服务业，特别是生产性服务业，推进先进制造业与现代服务业深度融合。加快建设现代农业。培育具有全球影响力和竞争力的先进制造业集群。

（二）增强贸易创新能力。构建开放、协同、高效的共性技术研发平台，强化制造业创新对贸易的支撑作用。推动互联网、物联网、大数据、人工智能、区块链与贸易有机融合，加快培育新动能。加强原始创新、集成创新。充分利用多双边合作机制，加强技术交流与合作。着力扩大知识产权对外许可。积极融入全球创新网络。

（三）提高产品质量。加强质量管理，积极采用先进技术和标准，提高产品质量。推动一批重点行业产品质量整体达到国际先进水平。进一步完善认证认可制度，加快推进与重点市场认证和检测结果互认。完善检验检测体系，加强检验检测公共服务平台建设。健全重要产品追溯体系。

（四）加快品牌培育。大力培育行业性、区域性品牌。在重点市场举办品牌展览推介，推动品牌产品走向世界。加强商标、专利等知识产权保护和打击假冒伪劣工作，鼓励企业开展商标和专利境外注册。强化品牌研究、品牌设计、品牌定位和品牌交流，完善品牌管理体系。加强商标、地理标志品牌建设，提升中国品牌影响力。

### 三、优化贸易结构，提高贸易发展质量和效益

（五）优化国际市场布局。继续深耕发达经济体等传统市场。着力深化

与共建"一带一路"国家的贸易合作，拓展亚洲、非洲、拉美等市场。逐步提高自贸伙伴、新兴市场和发展中国家在我国对外贸易中的占比，扩大与周边国家贸易规模。综合考虑市场规模、贸易潜力、消费结构、产业互补、国别风险等因素，引导企业开拓一批重点市场。

（六）优化国内区域布局。以"一带一路"建设、京津冀协同发展、长江经济带发展、长江三角洲区域一体化发展、粤港澳大湾区建设、黄河流域生态保护和高质量发展、推进海南全面深化改革开放等重大战略为引领，推动区域间融通联动。推动东部地区新旧动能转换，实现贸易高质量发展。支持中西部和东北地区加快发展，承接国内外产业转移，提高开放型经济比重。提升边境经济合作区、跨境经济合作区发展水平。

（七）优化经营主体。鼓励行业龙头企业提高国际化经营水平，逐步融入全球供应链、产业链、价值链，形成在全球范围内配置要素资源、布局市场网络的能力。支持推动中小企业转型升级，聚焦主业，走"专精特新"国际化道路。

（八）优化商品结构。大力发展高质量、高技术、高附加值产品贸易。不断提高劳动密集型产品档次和附加值。优化资本品、消费品贸易结构，扩大中间品贸易规模，发展和保护全球产业链。加快推动智能制造发展，逐步从加工制造环节向研发设计、营销服务、品牌经营等环节攀升，稳步提高出口附加值。

（九）优化贸易方式。做强一般贸易，增强议价能力，提高效益和规模。提升加工贸易，鼓励向产业链两端延伸，推动产业链升级；推进维修、再制造、检测等业务发展；利用互联网、大数据等信息技术完善监管。发展其他贸易，加快边境贸易创新发展和转型升级，探索发展新型贸易方式。

**四、促进均衡协调，推动贸易可持续发展**

（十）积极扩大进口。适时进一步降低进口关税和制度性成本，激发进口潜力，优化进口结构。扩大先进技术、设备和零部件进口。鼓励国内有需求的资源性产品进口。支持日用消费品、医药和康复、养老护理等设备进口。促进研发设计、节能环保、环境服务等生产性服务进口。

（十一）大力发展服务贸易。深化服务贸易领域改革和开放，持续推进服务贸易创新发展试点，完善促进服务贸易发展的管理体制和政策体系。加快数字贸易发展。推进文化、数字服务、中医药服务等领域特色服务出口基地建设。完善技术进出口管理制度，建立健全技术贸易促进体系。探索跨境服务贸易负面清单管理制度。加强服务贸易国际合作，打造"中国服务"国家品牌。

（十二）推动贸易与双向投资有效互动。持续放宽外资市场准入，鼓励外资投向新兴产业、高新技术、节能环保、现代服务业等领域，充分发挥外资对产业升级和外贸高质量发展的带动作用。深化国际产能和装备制造合作，培育一批产业定位清晰、发展前景好的境外经贸合作区。大力发展对外工程承包，带动装备、技术、标准、认证和服务走出去。

（十三）推进贸易与环境协调发展。发展绿色贸易，严格控制高污染、高耗能产品进出口。鼓励企业进行绿色设计和制造，构建绿色技术支撑体系和供应链，并采用国际先进环保标准，获得节能、低碳等绿色产品认证，实现可持续发展。

### 五、培育新业态，增添贸易发展新动能

（十四）促进贸易新业态发展。推进跨境电子商务综合试验区建设，复制推广成熟经验做法。完善跨境电子商务零售进出口管理模式，优化通关作业流程，建立全口径海关统计制度。在总结试点经验基础上，完善管理体制和政策措施，推进市场采购贸易方式试点。完善外贸综合服务企业发展政策，推动信息共享和联合监管。鼓励发展其他贸易新业态。

（十五）提升贸易数字化水平。形成以数据驱动为核心、以平台为支撑、

以商产融合为主线的数字化、网络化、智能化发展模式。推动企业提升贸易数字化和智能化管理能力。大力提升外贸综合服务数字化水平。积极参与全球数字经济和数字贸易规则制定，推动建立各方普遍接受的国际规则。

（十六）加快服务外包转型升级。健全服务外包创新机制，培育创新环境，促进创新合作。加快服务外包向高技术、高附加值、高品质、高效益方向发展。发挥服务外包示范城市创新引领作用，促进服务外包产业向价值链中高端转型升级。积极发展设计、维修、咨询、检验检测等领域服务外包，促进生产性服务贸易发展。

**六、建设平台体系，发挥对贸易的支撑作用**

（十七）加快培育各类外贸集聚区。推进国家外贸转型升级基地建设，依托产业集聚区，培育一批产业优势明显、创新驱动突出、公共服务体系完善的基地。加快加工贸易转型升级示范区、试点城市和梯度转移重点承接地发展。推进国家级新区、经济技术开发区、高新技术产业开发区、海关特殊监管区域等各类开放平台建设，创新管理制度。

（十八）推进贸易促进平台建设。办好中国国际进口博览会，不断提升其吸引力和国际影响力。拓展中国进出口商品交易会（广交会）、中国国际服务贸易交易会（京交会）等综合性展会功能，培育若干国际知名度高、影响力大的境内外展会。培育国家进口贸易促进创新示范区，创新监管制度、服务功能、交易模式，带动周边地区增强进口能力。

（十九）推进国际营销体系建设。鼓励企业针对不同市场、不同产品建设营销保障支撑体系，促进线上线下融合发展。完善售后服务标准，提高用户满意度，积极运用物联网、大数据等技术手段开展远程监测诊断、运营维护、技术支持等售后服务。推进国际营销公共平台建设。

（二十）完善外贸公共服务平台建设。加强对重点市场相关法律、准入政策、技术法规、市场信息等收集发布。支持各级政府、行业组织及企业建设不同层级、不同领域的公共服务平台，加强公共服务供给。

（二十一）构建高效跨境物流体系。推进跨境基础设施建设与互联互通，共同推动运输便利化安排和大通关协作。加快发展智能化多式联运。加快智慧港口建设。鼓励电商、快递、物流龙头企业建设境外仓储物流配送中心，逐步打造智能物流网络。

**七、深化改革开放，营造法治化国际化便利化贸易环境**

（二十二）深化管理体制改革。进一步推进外贸体制改革，加强事中事后监管。完善政策协调机制，加强财税、金融、产业、贸易等政策之间衔接。推动世界贸易组织《贸易便利化协定》在国内实施。优化通关、退税、外汇、安全、环保管理方式，推进国际贸易"单一窗口"建设和应用，落实减税降费政策，加快打造国际一流、公平竞争的营商环境。

（二十三）充分发挥自由贸易试验区示范引领作用，高水平建设中国特色自由贸易港。以制度创新为核心，推动自由贸易试验区先行先试，开展首创性、差别化改革探索，加快形成法治化国际化便利化的营商环境和公平开放统一高效的市场环境。探索实施国际通行的货物、资金、人员出入境等管理制度。积极复制推广改革试点经验。加快探索建设自由贸易港，打造开放层次更高、营商环境更优、辐射作用更强的开放新高地。

（二十四）加强知识产权保护和信用体系建设。加大对侵权违法行为的惩治力度。加强知识产权保护国际合作，积极参与相关国际规则构建。完善海外知识产权维权援助机制。推进商务、知识产权、海关、税务、外汇等部门信息共享、协同执法的监管体系建设。建立经营主体信用记录，实施失信联合惩戒。

**八、坚持共商共建共享，深化"一带一路"经贸合作**

（二十五）深化贸易合作。拓宽贸易领域，推动优质农产品、制成品和服务进口，促进贸易平衡发展。发展特色服务贸易。推进中欧班列、西部陆海新通道等国际物流和贸易大通道建设。发展"丝路电商"，鼓励企业在相关国家开展电子商务。积极开展促贸援助。推进商建贸易畅通工作机制。

（二十六）创新投资合作。拓宽双向投资领域，推动绿色基础设施建设、绿色投资，推动企业按照国际规则标准进行项目建设和运营。鼓励合作建设境外经贸合作区、跨境经济合作区等产业园区，促进产业集群发展。推动新兴产业合作。推进商建投资合作工作机制。

（二十七）促进贸易投资自由化便利化。积极开展共建"一带一路"经贸领域合作、三方合作、多边合作，推进合作共赢的开放体系建设，加强贸易和投资领域规则标准对接。推动削减非关税壁垒，提高技术性贸易措施透明度，提升贸易投资便利化水平。

### 九、坚持互利共赢，拓展贸易发展新空间

（二十八）建设性参与全球经济治理，推动区域、次区域合作。维护以规则为基础的开放、包容、透明、非歧视性等世界贸易组织核心价值和基本原则，反对单边主义和保护主义，推动对世界贸易组织进行必要改革。积极参与多边贸易规则谈判，维护多边贸易体制的权威性和有效性。深入参与二十国集团、金砖国家、亚太经合组织、湄公河次区域经济合作、大图们倡议等多边和区域、次区域合作机制，积极贡献更多中国倡议、中国方案。

（二十九）加快高标准自由贸易区建设。不断扩大自由贸易区网络覆盖范围，加快形成立足周边、辐射"一带一路"、面向全球的高标准自由贸易区网络。推动与世界重要经济体商建自由贸易区进程，努力提高开放水平，扩大市场准入，提高规则标准。

### 十、加强组织实施，健全保障体系

（三十）加强党对推进贸易高质量发展工作的全面领导。建立推进贸易

高质量发展工作机制，整体推进贸易高质量发展，工作机制办公室设在商务部。商务部会同有关部门，加强协调指导，制定行动计划。

（三十一）健全法律法规体系。落实全面依法治国基本方略，不断完善贸易及相关领域国内立法，为贸易高质量发展提供法治保障。促进国内经贸立法与国际经贸规则的良性互动。加强贸易政策合规工作。

（三十二）加大政策支持力度。在符合世界贸易组织规则前提下，发挥财政资金对贸易发展的促进作用。结合增值税改革和立法，逐步完善出口退税机制。在依法合规、风险可控、商业可持续前提下，支持金融机构有序开展金融创新，提供多样化、综合化金融服务。进一步发挥进出口信贷和出口信用保险作用。稳步提高跨境贸易人民币结算比例，扩大经常项目人民币跨境使用，拓宽人民币跨境投融资渠道。

（三十三）加强贸易领域风险防范。加快出口管制体系建设，强化最终用户最终用途管理。继续敦促相关国家放宽对华出口管制。建立出口管制合规体系。完善对外贸易调查制度。健全产业损害预警体系。妥善应对贸易摩擦。提升运用贸易救济规则能力和水平。研究设立贸易调整援助制度。加强风险监测分析预警，引导企业防范风险。

（三十四）完善中介组织和智力支撑体系。加强与国际组织、各国各地区相关机构和工商业界交流合作，充分发挥行业组织、贸促机构在贸易促进、信息交流、标准体系建设、行业自律、应对摩擦等方面的作用，助力外贸高质量发展。设立推进贸易高质量发展专家咨询委员会。强化外贸发展人才支撑。

中央和国家机关有关部门要按照职能分工，研究具体政策措施，加强协同配合，形成工作合力。各级党委和政府要切实加强组织领导，强化责任担当，结合本地区实际进一步明确重点任务，抓好相关工作落实。

# 参考文献

1. 孙鑫:《自贸试验区力争打造服务贸易开放新高地》,《上海人大月刊》2018 年第 10 期。

2. 杨志远、谢谦:《负面清单管理模式提高了上海自贸试验区服务业开放水平吗》,《国际贸易》2016 年第 11 期。

3. 谭文君:《负面清单管理模式对我国服务贸易竞争力的影响研究》,对外经济贸易大学博士学位论文,2018 年。

4. 冯凯、李荣林:《负面清单视角下上海自贸试验区服务业开放度研究》,《上海经济研究》2019 年第 6 期。

5. 吴文芳:《上海自贸试验区的人员自由流动管理制度》,《法学》2014 年第 3 期。

6. 王尧艺:《服务贸易国际竞争力分析——以上海为例》,《中国商论》2017 年第 14 期。

7. 孙司琦、余思勤:《上海自贸试验区对上海市服务贸易发展的影响》,《对外经贸》2016 年第 6 期。

8. 张祥建、彭娜:《上海自贸试验区新片区发展思路研究》,《科学发展》2019 年第 5 期。

9. 江若尘、牛志勇:《进一步推动上海对外贸易高质量发展》,《科学发展》2020 年第 1 期。

10. 江若尘、牛志勇:《上海开放型经济高质量发展的路径选择》,上海财经大学出版社 2020 年版。

11. 任燕:《上海自贸试验区服务贸易发展模式研究》,兰州财经大学硕士学位论文，2015 年。

12. 上海金融学院课题组：《上海服务贸易发展的现状、问题与对策》，《科学发展》2013 年第 12 期。

13. 马玉荣：《服务贸易呈现开放发展新趋势——专访国务院发展研究中心对外经济研究部部长张琦》，《中国发展观察》2020 年第 15 期。

14. 温韧：《上海自贸试验区新片区服务贸易海关监管模式设计和政策研究》，《科学发展》2020 年第 8 期。

15. 胡霁荣、张春美：《国际文化大都市语境下上海文化产业转型发展》，《上海文化》2017 年第 6 期。

16. 花建：《上海建设全球文化中心城市：机遇、特色、重点》，《深圳大学学报（人文社会科学版）》2017 年第 1 期。

17. 马祥柱：《自由贸易试验区背景下法律服务业的机遇与挑战》，《法制与社会》2015 年第 18 期。

18. 郭庆营：《中国律师服务贸易法律制度进展研究》，华东政法大学硕士学位论文，2017 年。

19. 张方舟：《论中国法律服务市场开放的新标准——以上海自贸试验区的实践为视角》，《研究生法学》2016 年第 1 期。

20. 黄琳琳、李晓郢：《上海自贸试验区进一步扩大律师服务市场准入条件的刍议》，《海峡法学》2015 年第 3 期。

21. 闫文博：《自由贸易试验区背景下法律服务业的机遇与挑战》，《河北青年管理干部学院学报》2015 年第 6 期。

22. 杨建锋：《上海自贸试验区法律服务业的开放与监管创新》，《WTO 经济导刊》2014 年第 12 期。

23. 陈燕和、王江：《上海自贸试验区制度创新成效与问题分析》，《上海商学院学报》2017 年第 6 期。

24. 张苑：《上海自贸试验区推进金融创新研究》，《国际金融》2016 年第 3 期。

25. 李建媛：《上海自贸试验区国际航运服务的发展现状及升级途径》，《对外经贸实务》2016 年第 20 期。

26. 张新玉：《关于推进自贸试验区背景下上海国际航运中心建设的思考》，《改革与开放》2017 年第 11 期。

27. 张婕妹：《上海船舶经纪业现状及发展建议》，《水运管理》2010 年第 5 期。

28. 张仁颐：《中国的船舶融资和船舶经纪人》，《上海交通大学学报（哲学社会科学版）》1999 年第 2 期。

29. 陈洁：《文化贸易进出口总量规模持续扩大》，《浦东时报》2017 年第 3 期。

30. 韩霞：《文化服务业开放的政策取向分析》，《国家行政学院学报》2006 年第 6 期。

31. 夏杰长、毛丽娟：《扩大文化服务业对外开放的实施路径》，《开放导报》2019 年第 2 期。

32. 应勤俭：《上海自贸试验区如何开放服务业》，《中国经济报告》2014 年第 2 期。

33. 朱晓辉，张佑林 .：《自贸试验区框架下上海文化贸易发展所面临的问题和对策研究》，《浙江理工大学学报（社会科学版）》，2015 年第 2 期。

34.《上海首次发布自贸试验区跨境服务贸易负面清单，共涉及 31 个行业 159 项》，载第一财经网 https: //www.yicai.com/news/100036398.html，2018 年 10 月 19 日。

35. 后向东：《如何理解"负面清单"制度》，《学习时报》2016 年 3 月 17 日。

36. 王利明：《负面清单管理模式与私法自治》，《中国法学》2014 年第 5 期。

37. 中国一带一路网：《自贸试验区 6 周年！来看六年中自贸试验区的"加减法"》，载中国一带一路网微信公众号 https: //mp.weixin.qq.com/s/buXXv8-FSeEmSFeji7H7Uw，2019 年 9 月 28 日。

38. 郑宇、葛田雯：《解读〈外商投资法〉下的负面清单制度》，载君合法律评论微信公众号 https: //mp.weixin.qq.com/s/Pq1T76wckUSr0Y4Dw0o77w，2019 年 5 月 14 日。

39. 朱凯：《上海公布自贸试验区跨境服务贸易负面清单》，《证券时报》2018 年 10 月 10 日。

40.《〈中国（上海）自由贸易试验区跨境服务贸易负面清单管理模式实施办法〉解读》，载上海市人民政府网站 http: //www.shanghai.gov.cn/nw2/nw2314/nw2319/nw41893/nw42229/u21aw1343259.html，2018 年 10 月 9 日。

41.《上海自贸试验区实施跨境服务贸易负面清单》，载上海金融官微 https: //mp.weixin.qq.com/s/f24EJcLCAMHYR369NYUWCA，2018 年 10 月 10 日。

42. 蒋硕亮、刘凯：《上海自贸试验区事中事后监管制度创新：构建"四位一体"大监管格局》，《外国经济与管理》2015 年第 8 期。

43. 陈奇星：《强化事中事后监管：上海自贸试验区的探索与思考》，《中国行政管理》2015 年第 6 期。

44. 高凛：《自贸试验区负面清单模式下事中事后监管》，《国际商务研究》2017 年第 3 期。

45. 吴晓怡：《上海自贸试验区事中事后监管方案知多少》，载金融法研究会微信公众号 https: //mp.weixin.qq.com/s/uW_XGlig_cFDG1AGSdiVaA，2016 年 8 月 22 日。

46.《自贸试验区事中事后监管成效显著》，载中国上海自贸试验区微信公众号 https: //mp.weixin.qq.com/s/GH79DkFsvzma5pZokqrX5A，

2016 年 8 月 24 日。

47.《上海自贸试验区事中事后监管方案出炉》，载中国上海自贸试验区微信公众号 https: //mp.weixin.qq.com/s/MY2tAR83loA9ng4if01rDg，2016 年 8 月 12 日。

48.《上海自贸试验区新片区总体方案逐条解读及商业银行机会分析》，载民银研究微信公众号 https: //mp.weixin.qq.com/s/VQXrys05rAAassw_JgkN3w，2019 年 8 月 8 日。

49.《自贸试验区制度创新—— 事中事后监管制度（四）》，载沣东自贸产业园微信公众号 https: //mp.weixin.qq.com/s/45M5EXVxJXoYAjqwsPqKXg，2017 年 8 月 31 日。

50. 王菲易:《上海自贸试验区跨部门协调机制研究: 一个分析框架》，《国际商务研究》2016 年第 1 期。

51.《上海自贸试验区"一级政府管理体制"改革创新研究》，载上海市人民政府发展研究中心 http: //www.fzzx.sh.gov.cn/LT/KDUCO8661.html，2017 年 3 月 16 日。

52.《在全球服务贸易中，中国与美国的差距有多大?》，载晋平新观察微信公众号 https: //mp.weixin.qq.com/s/v0Ef48J0WqyosVz2411a_Q，2018 年 7 月 23 日。

53. 舒燕、林龙新:《服务贸易促进政策的比较研究及对我国的启示》，《生产力研究》2011 年第 9 期。

54. 金满涛:《美国服务贸易发展经验对我国的启示》，《银行家》2018 年第 11 期。

55.《美国服务贸易管理体系的特点》，载浙江服务贸易微信公众号 https: //mp.weixin.qq.com/s/O99ZmnSY0KguVF7VCu1F8w，2015 年 12 月 9 日。

56. 曹标:《中日韩服务贸易结构比较研究》，《亚太经济》2012 年第 4 期。

57. 缑先锋:《中日服务贸易发展比较及对我国的启示》,《商业研究》2010 年第 10 期。

58. 张楠、崔日明:《中日服务贸易发展路径比较研究》,《国际经贸探索》2009 年第 11 期。

59. 郝红梅:《负面清单管理模式的国际经验比较与发展趋势》,《对外经贸实务》2016 年第 2 期。

60. 倪月菊:《世界主要国家和地区的服务贸易管理体制比较》,《国际贸易》2007 年第 2 期。

61. 李宁:《中韩服务贸易合作优势与制约因素及其对策》,《经济研究导刊》2018 年第 29 期。

62. 周雪梅:《中韩服务贸易比较研究》,《对外经贸》2013 年第 3 期。

63. 陈国荣:《韩国的服务贸易及其促进政策》,《统计科学与实践》2009 年第 5 期。

64. 张欣玥、陈志洪:《香港、新加坡服务贸易发展模式及对上海发展启示》,《上海管理科学》2006 年第 3 期。

65. 易朝军:《自贸试验区服务贸易发展模式的国际案例——以香港和新加坡为例》,《经贸实践》2017 年第 3 期。

66. 周迎洁、刘小军、过晓颖:《中国自贸试验区服务业开放制度创新研究——基于迪拜、新加坡经验的启示》,《当代经济》2016 年第 1 期。

67. 顾宝炎、崔婷婷:《沪港服务贸易发展模式比较》,《商业时代》2009 年第 1 期。

68. 黄圆圆:《上海自贸试验区与香港自由港组成与运作比较》,《长江大学学报》2015 年第 4 期。

69. 中华人民共和国商务部:《中国对外贸易形势报告(2020 秋季)》,2020 年。

70. 中华人民共和国商务部:《2020 中国服务进口报告》,2020 年。

71. 中华人民共和国商务部:《2020 中国对外投资合作发展报告》,2020 年。

72. 中华人民共和国商务部:《2019 中国服务外包发展报告》, 2019 年。

**图书在版编目(CIP)数据**

上海自贸试验区促进服务贸易高质量发展研究/江
若尘,牛志勇,王春燕著. —上海:上海人民出版社,
2021
(上海智库报告)
ISBN 978 - 7 - 208 - 17411 - 5

Ⅰ.①上… Ⅱ.①江… ②牛… ③王… Ⅲ.①自由贸
易区-经济发展-研究-上海 Ⅳ.①F752.851

中国版本图书馆 CIP 数据核字(2021)第 217642 号


**责任编辑** 郭敬文
**封面设计** 汪 昊


上海智库报告
**上海自贸试验区促进服务贸易高质量发展研究**
江若尘 牛志勇 王春燕 著

出　　版　上海人民出版社
　　　　　(201101　上海市闵行区号景路 159 弄 C 座)
发　　行　上海人民出版社发行中心
印　　刷　上海商务联西印刷有限公司
开　　本　720×1000　1/16
印　　张　14
插　　页　4
字　　数　188,000
版　　次　2021 年 12 月第 1 版
印　　次　2021 年 12 月第 1 次印刷
ISBN 978 - 7 - 208 - 17411 - 5/F · 2714
定　　价　60.00 元